제대로 알고 쓰는 말, 저절로 배우는 인권!
세상을 아프게 하는 말, 이렇게 바꿔요!

1판 1쇄 발행 2015년 3월 15일 | 1판 7쇄 발행 2025년 8월 4일
글 오승현 | 그림 소복이 | 펴낸이 이재일
기획·편집 표유진 | 디자인 윤현이 | 제작·마케팅 강백산, 강지연, 김주희
펴낸곳 토토북 | 주소 04034 서울시 마포구 잔다리로7길 19, 명보빌딩 3층
전화 02-332-6255 | 팩스 02-6919-2854
홈페이지 www.totobook.com | 전자우편 totobooks@hanmail.net | 인스타그램 totobook_tam
출판등록 2002년 5월 30일 제2002-000172호 | ISBN 978-89-6496-250-3 73190

ⓒ 오승현, 소복이 2015

이 책은 저작권법에 의해 보호를 받는 저작물이므로 무단 전재 및 무단 복제를 금합니다.
잘못된 책은 구입하신 곳에서 바꾸어 드립니다.

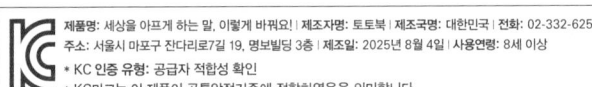

제대로 알고 쓰는 말,
저절로 배우는 인권!

세상을 아프게 하는 말, 이렇게 바꿔요!

오승현 글 | 소복이 그림

임정하 (고려대학교 사범대학 가정교육과 교수) 감수·추천

 저자의 말

《걸리버 여행기》에는 하늘을 나는 섬나라 라퓨타에 관한 이야기가 나옵니다. 라퓨타의 수도 리가도에는 이상한 연구소가 있습니다. 이 연구소는 허무맹랑한 것들을 주로 연구하는데, 그중에는 '말'을 없애려는 연구도 있지요. 말하고 싶은 게 있을 때는 어떻게 하냐고요? 말 대신 물건을 가지고 다니며 대화하지요. 포크를 말하고 싶을 땐 포크를 보여 주는 식으로요.

물건을 보여 주는 방식으로 의사소통이 가능할까요? 또 말하고자 하는 모든 물건을 가지고 다닐 수 있을까요? 그건 불가능해요. 그런데 왜 이런 엉뚱한 생각을 했을까요?

바로 사람과 사람 사이의 오해와 문제가 말에서 비롯된다고 생각했기 때문이에요. 말은 우리가 살아가는 데 꼭 필요한 의사소통 수단이지만 동시에 수많은 오해와 문제를 일으키기도 한답니다.

또한 어떤 말들은 특별한 의도나 목적 없이 폭력을 낳기도 하지요. 말 속에 차별과 편견 어린 시선이 들어 있는 경우가 종종 있기 때문이에요. 손발로 때리는 것만이 폭력은 아닙니다. 때로는 말이 사람을 아프게 하기도 한답니다. 특히 사회적 약자들에게는 더욱 그럴 수 있습니다. 우리가 별다른 생각 없이 사용하는 말들에 대해서 깊이 생각해 봐야 하는 이유랍니다.

말은 우리가 생각하는 것보다 숨겨진 힘이 훨씬 세답니다. 숫자 99를 예로 들어 볼까요? 우리말로는 구십구, 발음하기 어렵지 않지요. 그런데 99를 프랑스어로 말하려면 '4×20+19'라고 해야 합니다. 프랑스어로 발음하면 '카

트르 뱅 디스 네프'라고 하지요. 특이하게도 프랑스어에는 99를 나타내는 한 단어가 아예 없답니다. 조금 이상하지요?

'99를 가리키는 말을 새로 만들지 굳이 그런 식으로 복잡하게 표현할까?' 이렇게 생각할 수 있습니다. 그러나 말은 쉽게 없애거나 만들 수 없답니다. 한두 사람만 쓴다면 그게 가능하겠지만, 사용하는 사람들이 아주 많으니까요. 어쨌든 이런 작은 차이가 큰 결과로 이어진답니다. 숫자를 나타내는 언어가 복잡한 나라의 어린이들이 산수를 늦게 깨우친다고 하니 말이에요. 이것이 바로 말이 가진 숨은 힘입니다.

우리는 우리의 생각을 자유롭게 말한다고 생각하지만, 사실은 말이 우리의 생각을 가두고 규정하는 경우도 많이 있습니다. 때로는 우리의 행동을 잘못된 길로 이끌기도 하고요. 그러나 우리가 주의를 기울이지 않으면 알아채기 어렵지요. 책에서 소개하는 말들이 바로 그런 말들입니다. 이 책을 읽고 여러분이 앞으로 자기가 쓰는 말들에 좀 더 주의를 기울이길 바랍니다.

책을 쓰는 데 표유진 편집자님의 도움이 컸습니다. 덕분에 웃자란 제 시각을 어린이의 눈높이에 맞출 수 있었습니다. 다소 딱딱한 글에 위트 넘치는 옷을 입혀 주신 소복이 작가님께도 감사드립니다.

저자 오승현

 차례

저자의 말 ·2

남자와 여자, 차이가 만든 차별과 편견
남자는 파란색, 여자는 분홍색이라고요?

남자가 대표가 되는 말 **독수리 오 형제? 독수리 오 남매** ·8
남자가 대표가 되는 말 **청소년은 있지만 청소녀는 없다** ·11
여자를 도드라지게 내세우는 말 **왜 유관순은 온 국민의 누나가 되었을까?** ·14
여자를 도드라지게 내세우는 말 **○○여자중학교, ○○중학교** ·17
남자와 여자의 역할을 구분하는 말 **남자는 집사람이 될 수 없을까?** ·20
남자다움을 강요하는 말 **사내 녀석이 그걸로 울어?** ·23
남자와 여자를 은밀하게 차별하는 말 **중요한 남자, 덜 중요한 여자?** ·28

어린이를 향한 차별과 편견
나중에 크면 알게 된다고요?

어린이를 무시하는 말 **넌 몰라도 돼!** ·34
어린이의 인권을 무시하는 말 **사랑의 매에는 사랑이 있을까요?** ·40
어린이에게 상처를 주는 말 **말도 우리를 멍들게 합니다** ·44
세상을 둘로 나누는 말 **"아빠가 좋니? 엄마가 좋니?"** ·47
세상을 둘로 나누는 말 **하나만 선택해!** ·52
몸과 행동을 통제하는 말 **학생이 머리가 그게 뭐냐?** ·55

서로 달라 생긴 차별과 편견

들꽃처럼 다양한 사람들

장애인에 대한 바른 표현 **위하는 척하며 위하지 않는 말, 장애우** ·62
몸으로 마음을 판단하는 말 **몸매가 착하다고요?** ·67
결혼에 대한 선입견이 담긴 말 **결혼은 누구나 해야 하는 것?** ·71
정상 가정을 강요하는 말 **들꽃처럼 다양한 세상의 가정들** ·75
단일 민족의 우월함을 강조하는 말 **혼혈인은 순수하지 않다?** ·79
단일 민족의 우월함을 강조하는 말 **섞임은 아름답다** ·82

대한민국이라는 사회 속에서 만들어진 차별과 편견

몇 학년 몇 반 누구누구입니다

지위와 신분을 구분 짓는 말 **교수님, 감독님, 농부님, 우편집배원님** ·88
개인보다 집단을 앞세우는 말 **자기소개인가, 집단 소개인가?** ·90
서울 중심의 말 **서울 사람의 반대말은 시골내기?** ·93
갈등으로 위장한 차별의 말 **지역 갈등이 아니라 지역 차별이다!** ·97

이렇게 바꿔요! 절대 사용하면 안 돼요! ·102

남자와 여자, 차이가 만든 차별과 편견

남자는 파란색, 여자는 분홍색이라고요?

남자와 여자는 달라요. 생김새도 다르고 신체 구조도 다르지요.
그러나 이러한 차이 때문에 남자와 여자를 차별해서는 안 된답니다.
동등하게 대해야 하지요. 그렇다고 해서 남자와 여자를 똑같이
대해야 하는 것은 아니에요. 차이를 인정하면서 그 차이에 맞게
대해야 해요.

남자가 대표가 되는 말

독수리 오 형제?
독수리 오 남매?

얼마 전 〈독수리 오 형제〉라는 일본 영화가 개봉했어요. 제가 어렸을 때 같은 이름의 만화를 재미있게 본 기억이 나네요. 독수리 오 형제는 악당으로부터 지구를 지키는 영웅들이랍니다. 제목에서 알 수 있듯이 다섯 명이지요. 그중 네 명은 남자고 한 명은 여자예요.

그런데 이상하지 않나요? 분명 오 형제면 다섯 명의 남자 형제들이어야 하는데 한 명은 여자라고요?

일반적으로 형제는 형과 남동생을 가리켜요. 반대말은 자매지요. 자매는 언니와 여동생을 뜻해요. 그렇다면 오빠와 여동생, 누나와 남동생처럼 남자와 여자가 섞여 있을 때는 뭐라고 할까요? 형제자매나 남매라고 하지요. 그럼 영화 제목을 '독수리 오 남매'라고 바꿔야 하지 않을까요?

사실 사전적 의미에서 오 형제가 완전히 틀린 말은 아니에요. 왜냐하면 국어사전은 형제를 다음과 같이 두 가지 뜻으로 풀이하고 있으니까요.

1) 형과 아우를 아울러 이르는 말
2) 동기(同氣) : 형제와 자매, 남매를 통틀이 이르는 말

그러니까 〈독수리 오 형제〉의 형제는 사전의 첫 번째 뜻이 아니라 두 번째 뜻으로 이해해야 할 거예요.

그런데 여기에 한 가지 문제가 있답니다. 국어사전을 아무리 들여다봐도 자매에서는 형제의 두 번째 뜻을 찾을 수 없다는 점이지요. 형제는 형과 아우뿐 아니라 자매까지 모두 가리키지만, 자매는 오직 언니와 여동생만을 뜻합니다. 형제라는 말로는 자매를 가리킬 수 있지만, 자매라는 말로는 형제를 가리킬 수 없는 것이지요.

우리말에는 이처럼 남자와 관계된 말이 남자와 여자 모두를 포함하는 경우가 많아요. 반대로 여자와 관계된 말이 모두를 가리키는 경우는 거의 없답니다.

 **여자가 대표가 되는 말은 없나요?**

그런 말이 아예 없는 것은 아닙니다. 대표적인 예로 '자매결연'을 들 수 있지요. 어떤 지역이나 단체가 다른 지역이나 단체와 친밀한 관계를 맺을 때 쓰는 말인 자매결연 속에는 앞서 살펴보았던 '자매'라는 단어가 들어 있어요. 자매 학교, 자매 회사 등도 비슷한 의미를 담고 있어요.

하지만 여자와 관계된 말이 남녀 모두를 아우르는 경우는 그리 많지 않아요.

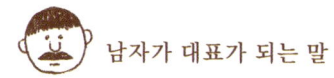 남자가 대표가 되는 말

청소년은 있지만 청소녀는 없다

여러분은 소년인가요? 이렇게 질문하면 초등학생인 여러분은 모두 '네.'라고 답해야 해요.

그렇다면 여러분은 소녀인가요? 이 질문에 대해서는 모두가 '네.'라고 대답할 수 없어요. 왜 그럴까요? 바로 소년과 소녀의 뜻이 다르기 때문이에요.

'소년'은 남자아이를 가리키는 동시에 나이가 어린 사람을 가리키는 말이에요. 소년법에 따르면 열아홉 살 미만의 젊은 사람을 이르러 소년이라고 하지요. 그러니 남자건 여자건 상관없이 이 책을 읽고 있는 어린이 여러분은 모두 소년이에요. 그러나 소녀는 여자아이만을 가리켜요. 소녀라는 말에는 남자아이가 포함되지 않는답니다.

우리말에 유소년은 있지만 유소녀는 없지요. 마찬가지로 청소년은 있지만 청소녀는 없어요. 소년 속에 소녀가 포함되어 있으니, 굳이 유소녀나 청소녀라는 말을 사용할 필요가 없는 거예요.

젊은 남성을 뜻하는 '청년'도 젊은 남자와 여자, 모두를 뜻하는 말이에요. 남자와 관계된 말인 청년이 형제, 소년과 마찬가지로 남자와 여자 모두를 대표하는 것이지요.

그럼 남자와 관계된 말들이 모두를 대표하게 된 이유는 뭘까요? 예로부터 우리 민족은 농사를 지으며 살아왔어요. 농사일에는 힘든 육체 노동이 뒤따라요. 그래서 신체 조건이 유리한 남자들이 주로 힘든 농사일을 맡아서 하고 여자들은 집안일을 하거나 남자들이 하는 일을 도왔어요. 자연스레 남자의 역할과 위상이 높아졌지요.

특히 조선 시대에는 자식들이 아버지의 성을 따르는 전통에 따라 집안의 중심을 아버지로 여겼어요. 제사를 비롯한 집안의 중요한 행사를 남자가 도맡았고, 집안의 유산도 아들에게 물려주었지요. 딸은 출가외인이라고 해서 시집을 가면 다른 집안의 사람이 된다고 여겼답니다.

집 밖에서도 여자와 남자는 다른 대우를 받았어요. 여자는 제대로 된 교육을 받기 어려웠고, 관리가 되기 위해 치러야 하는 과거 시험에도 응시할 수 없었지요. 이러한 과정을 거치면서 남자는 여자보다 더 많은 힘을 누리게 되었답니다.

이렇게 오랜 시간에 걸쳐 굳어진 남자 중심의 사회 분위기 속에서 남자가 중심이 되고 대표가 되는 말들이 만들어졌어요. 이런 말들은 다시 남자가 중심이 되는 사회를 더욱 단단하고 튼튼하게 만들었답니다.

효자손도 남자라고?

효자손은 할머니, 할아버지가 등을 긁을 때 사용하는 물건이에요. 효자처럼 시원하게 등을 긁어 준다는 뜻에서 붙여진 이름일 거예요.

그런데 효자손을 효녀손이라고 부르지는 않습니다. 이처럼 작은 물건을 가리킬 때조차 남자가 중심이 되는 경우가 많아요. 이런 말이 우리나라에만 있는 건 아니에요.

영어에서 'man(남자, 사람)'과 'woman(여자)'의 관계도 소년과 소녀의 관계와 비슷합니다. 'man'은 남자를 뜻하는 동시에 여자를 포함한 인간 전체를 뜻하지요.

그런데 요즘 나오는 영어 사전을 찾아보면 '~하는 사람'이라는 뜻으로 직업을 가리키는 말에 들어 있던 'man'이 다른 말로 바뀌고 있어요. 예를 들어 'policeman(경찰)' 대신 'police officer', 'fireman(소방관)' 대신 'firefighter', 'fisherman(어부)' 대신 'fisher', 'cameraman(촬영기사)' 대신 'cameraperson', 'workman(노동자)' 대신 'worker' 등을 사용한답니다.

남자 중심의 말인 'man' 대신 남자와 여자 두루 사용되는 말로 바뀌고 있는 거예요. 우리말에서도 이런 움직임이 보이면 좋겠네요.

여자를 도드라지게 내세우는 말

왜 유관순은 온 국민의 누나가 되었을까?

여러분은 삼일절 하면 무엇이 제일 먼저 떠오르나요? 태극기? 쉬는 날? 저는 유관순이 제일 먼저 떠올라요. 제가 어렸을 적에는 삼일절에 이런 노래를 불렀답니다.

삼월 하늘 가만히 우러러보며 유관순 누나를 생각합니다.

강소천의 동요 〈유관순〉의 한 구절이에요. 노래 가사에는 일제 강점기 천안 아우내 장터에서 만세 시위를 주도한 유관순을 누나라고 표현했어요. 여러분의 부모님이나 이모, 삼촌들에게 '유관순 누나'라는 표현은 매우 익숙해요. 여러분 중에도 이 말을 들어 보거나 불러 본 친구가 있을 거예요.

그런데 여러분, 유관순처럼 우리나라의 독립을 위해 목숨 바쳐 싸운 안중근이나 윤봉길을 떠올려 보세요. 안중근 삼촌이나 윤봉길 아저씨라고 부르나요? 혹은 안중근 형이나 윤봉길 오빠라고 부르나요? 그렇지 않아요. 그럼 왜 유관순만 누나라고 부르는 걸까요?

유관순 누나라는 표현은 어색한 말이랍니다. 먼저 유관순은 우리에게 누나가 될 수 없지요. 누나라고 부르려면 적어도 몇 살 정도만 연상

이어야 하니까요. 유관순은 지금으로부터 약 백 년 전에 살았던 사람이잖아요. 어쨌든 습관적으로 유관순을 누나라고 부른다는 점을 인정해 봅시다. 그래도 여전히 문제가 있어요.

누군가에게는 유관순이 누나일 수 있지만, 다른 누군가에게는 누나가 될 수 없으니까요. 앞의 누군가와 뒤의 누군가는 어떻게 다를까요?

말하는 이가 남자라면 유관순 누나가 자연스럽지만, 여자라면 유관순 누나는 어색합니다. 유관순 언니가 맞겠지요. 그런데 남자가 부르건 여자가 부르건 왠지 유관순 언니라는 표현은 어색합니다. 오랫동안 유관순 누나로 불렀기 때문이에요.

마지막으로 생각할 거리가 하나 더 있어요. 우리는 보통 안중근이나 윤봉길을 부를 때 '의사'라는 호칭을 붙여 부릅니다. 의사는 나라와

민족을 위하여 제 몸을 바친 의로운 사람을 뜻해요. 안중근 의사, 윤봉길 의사라고 부르는 건 그들이 남자라는 사실이 중요한 것이 아니라 어떤 일을 했느냐를 부각하는 것이지요. 하지만 유관순은 누나라는 표현을 써서 여자라는 점을 도드라지게 나타냈어요. 공정하지 않은 호칭입니다.

말은 습관의 힘에 크게 휘둘려요. 오랫동안 익숙하게 사용해 온 말이 우리의 생각을 가두는 경우가 생기지요. 바로 '유관순 누나'라는 표현처럼요.

유관순도 의사라고 불러야 하나요?

'열사'라고 부르는 게 맞는 표현이에요. 의사와 열사 모두 나라를 위해 의로운 일을 한 사람을 가리켜요. 다만 의사는 무력을 써서 저항하다 의롭게 죽은 사람을 뜻하고, 열사는 맨몸으로 저항해 자신의 신념을 꿋꿋이 지킨 사람을 뜻하지요. 삼일 운동에 참여한 뒤 감옥에서 갖은 고문을 당하다 생을 마감한 유관순이 대표적인 열사예요. 반면 안중근과 윤봉길은 총칼을 들고 일본에 맞서 싸운 의사랍니다.

여자를 도드라지게 내세우는 말

○○ 여자중학교, ○○ 중학교

두 곳의 중학교가 있습니다. 'ㅇㅇ여자중학교'는 이름에서 알 수 있듯이 여학생들이 다니는 중학교입니다. 그럼 'ㅇㅇ중학교'는 남학생과 여학생이 함께 다니는 학교일까요? 정답은 그럴 수도 있고 아닐 수도 있습니다.

여학생들만 다니는 전국의 거의 모든 학교는 이름에 '여자'라는 말이 들어 있어요. 하지만 남학생들만 다니는 학교는 이름에 '남자'라는 말이 들어 있지 않아요. 그래서 'ㅇㅇ중학교'는 남녀 공학일 수도 있고 남자 중학교일 수도 있답니다.

여학교처럼 여성을 도드라지게 내세우는 말들은 우리 주변에 매우 많아요. 여경(여자 경찰), 여배우, 여직원, 여교사, 여의사, 여성 장관, 여류 작가, 여대생…….

반면 남경(남자 경찰), 남배우, 남직원, 남교사, 남의사, 남성 장관, 남성 작가, 남대생은 어색하게 들리지요. 남자가 경찰이면 그냥 경찰이지 굳이 남자 경찰이라고 부르지 않아요.

이게 왜 문제가 되는 걸까요? 신문에 실린 다음의 두 기사를 살펴봅시다.*

〈보도 1〉
현금 수송차 들이박은 '김 여사'… 가만히 있는 차를 왜?
길을 가던 승용차가 속도를 줄이지 않고 그대로 현금 수송차를 들이받아서 1명이 숨졌습니다. 운전자는 50대 여성이었습니다.

〈보도 2〉
'일가족 참변'… 가해 운전자 '만취'
오늘 새벽 인천국제공항 고속도로에서 승용차 2대가 추돌해 일가족 4명이 모두 숨지는 참변이 일어났습니다. 가해 차량의 운전자는 만취 상태였습니다.

두 기사는 흥미로운 차이를 보여 줍니다. 첫 번째 기사에서는 운전자가 여자라는 사실을 강조해요. 그러니까 사고의 원인을 '여자'에게서 찾고 있지요.

반면에 두 번째 기사에서는 운전자의 성별이 나타나 있지 않아요. 다만 '음주 운전'이라는 사고의 원인을 강조해서 설명하지요. 실제로 운전자는 남자였어요.

비슷한 문제 상황에서 여자를 도드라지게 내세우는 말은 여자이기 때문에 더욱 문제라는 식의 잘못된 생각을 일으킵니다.

* 인용한 신문 기사는 강인규의 《망가뜨린 것 모른 척한 것 바꿔야 할 것》(오마이북) 83쪽에서 재인용하였습니다.

 '○○녀'를 아시나요?

  '된장녀'라고 들어 본 적 있나요? 여러분에게는 다소 생소하게 들릴지 모르겠지만 인터넷상에서는 유행처럼 널리 쓰이는 말이랍니다. 자기 분수에 맞지 않게 사치를 일삼는 여자들을 비하하는 말이지요. 그럼, 자기 분수에 맞지 않게 사치를 일삼는 남자를 가리키는 말도 있을까요? 특별한 말을 찾아볼 수 없답니다. 사치를 여자들만 부리는 게 아닌데 말이에요.
  인터넷상에서는 누군가 잘못을 하거나 문제를 일으켰는데 그 사람이 여자일 경우 '○○녀'라고 지칭하며 놀리고 비하하는 경우가 많아요. 하지만 남자의 잘못을 비난하는 '○○남'이라는 표현은 드물지요. 왜 여자의 잘못만 놀림의 대상이 되는 걸까요? 남자와 여자를 차별하는 문제를 떠나서라도 '된장녀'와 같이 다른 사람을 비난하고 조롱하기 위해 만들어 낸 '○○녀'라는 말들은 은어이기 때문에 사용해서는 안 된답니다.

남자와 여자의 역할을 구분하는 말

남자는 집사람이 될 수 없을까?

아빠가 출근할 때 뽀뽀뽀, 엄마가 안아 줘도 뽀뽀뽀.
만나면 반갑다고 뽀뽀뽀, 헤어질 때 또 만나요 뽀뽀뽀.

뽀뽀뽀는 어린아이부터 어른까지 누구나 아는 유명한 동요입니다. 이 노래에서 아버지는 밖에 나가서 일을 하는 모습으로, 어머니는 집 안에서 아이를 보살피는 모습으로 묘사되어 있어요.

말에도 남자와 여자에게 바라는 역할이나 태도가 드러나는 경우가 있어요. 예를 들어 남편이 아내를 가리키는 말 중에 '집사람'이란 말이 있답니다. 이 말은 여자의 공간을 집으로 한정해요. 가정주부, 안사람, 안식구, 안주인 등도 마찬가지입니다. 여기서 가정과 안은 집을 가리킨답니다.

아내가 남편을 가리키는 말 중에는 '바깥양반'이란 말이 있어요. 남편이 할 일은 바깥일이라는 뜻이에요. 바깥어른이나 바깥주인이라는 말도 같은 의미지요.

이렇듯 남자와 여자가 서로를 부르는 호칭에서도 남자는 바깥일, 그러니까 경제적 사회적 활동을 하는 사람이고, 여자는 집안일, 그러니

까 살림을 꾸리고 아이를 보살피는 사람이란 뜻이 숨어 있었던 거예요. 또한 "남자가 부엌에 들어오는 것 아니다.", "여자가 감히 바깥일에 참견을 하다니!" 같은 말에도 이런 생각이 그대로 녹아들어 있지요.

하지만 요즘은 여자들의 사회 활동이 매우 활발해요. 많은 어머니들이 밖에서 일을 하며 가정에서 아버지와 함께 아이들을 돌보지요. 또 아버지가 전담하여 육아와 가사를 돌보는 경우도 있답니다.

그러니 아버지는 바깥일을 하는 사람, 어머니는 집안일을 하는 사람이란 의미의 바깥양반과 집사람은 모두에게 어울리는 말이 아니랍니다.

남자다움을 강요하는 말

사내 녀석이 그걸로 울어?

'사내 녀석이 계집아이처럼 그걸로 울어?'라는 말과 '여자아이가 사내 녀석처럼 그걸로 울어?'라는 말 중 여러분은 어떤 말을 더 많이 들어 보았나요? 아마도 '사내 녀석이 계집아이처럼 그걸로 울어?'라는 말이 익숙할 거예요. 이 말은 남자아이는 무섭거나 겁이 나도 울면 안 되고, 여자아이는 당연히 울어야 한다는 말일까요? 남자아이는 씩씩하고 늠름해야 한다는 생각에서 비롯된 말일 거예요.

이는 '사내 녀석이 남자답지 못하게!', '여자아이가 여자답지 못하게!'라는 말과 같은 느낌을 주어요. 남자에게는 남성스럽게 여겨지는 성품과 태도를 요구하고, 여자에게는 여성스럽게 여겨지는 성품과 태도를 요구하는 것이랍니다.

그럼 남성스러운 것은 무엇이고, 여성스러운 것은 무엇일까요? '남성스럽다.'라고 하면 용감함, 과감함, 적극성, 터프함, 공격성, 과묵함, 운동, 근육, 파란색 등의 이미지가 떠올라요. '여성스럽다.'라고 하면 수줍음, 얌전함, 수동성, 귀여움, 애교, 요리, 분홍색 등의 이미지가 떠오르지요. 이런 고정된 이미지를 강요하는 것은 잘못된 생각이에요.

운동장에서 뛰어노는 것을 좋아하는 활발한 성격의 여자아이와 꽃과 나무를 좋아하는 조용하고 섬세한 남자아이가 잘못된 것은 아니니까요. 두 아이는 단지 자신만의 개성을 가진 특별한 아이일 뿐이지요.

세상의 모든 사람들은 각자의 개성을 가지고 태어나요. 개성은 다른 사람과는 구별되는 자기만의 고유한 특성이에요. **이러한 개인의 개성을 인정하지 않고, '남자는 이러해야 하고, 여자는 이러해야 한다.'라는 식의 틀에 맞춘 생각은 이제 버려야 할 때입니다.**

 ### 사내와 계집은 반대말이 아니에요

"사내 녀석이 계집아이처럼 그걸로 울어?"라는 말처럼 '사내'의 반대말로 '계집'이라는 말을 쓰는 경우가 종종 있어요. 그런데 두 말의 의미를 국어사전에서 찾아보면 사내는 사나이 또는 남자나 남편을 이르는 말이고, 계집은 여자와 아내를 낮잡아 이르는 말이라고 나와요. 또 사내아이는 남자아이를 친근하게 부르는 말이고, 계집아이는 시집가지 않은 어린 여자아이를 낮추어 부르는 말이라고 정의해요.

즉 계집은 여자를 하찮게 여겨 낮추어 부를 때 사용하는 말인 거예요. 별 뜻 없이 사내의 반대 개념으로 사용하던 '계집'이라는 말 속에 부정적인 뜻이 숨어 있었던 것이지요. 이러한 말은 사용하는 데 주의를 기울여 사용해야 하겠습니다.

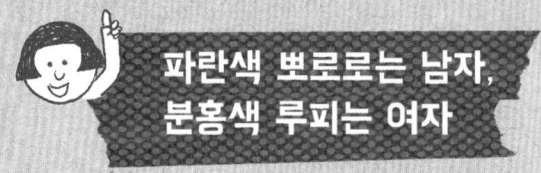
파란색 뽀로로는 남자, 분홍색 루피는 여자

여러분이 어렸을 적 즐겨 보던 애니메이션 〈뽀로로〉에 대해 이야기해 볼까요? 뽀로로, 루피, 포비 등 사랑스러운 캐릭터들 때문에 지금도 큰 인기를 누리고 있지요. 그런데 캐릭터의 성격에서 남자와 여자의 차이가 분명하게 드러나는 것을 눈치챘나요?

분홍색 얼굴에 분홍색 치마를 입은 루피는 상냥하고, 요리 같은 집안일을 좋아해요. 그래서 친구들에게 맛있는 음식을 가져다주곤 하지요. 소극적인 모습을 보이는 경우도 많아요. 예를 들어 의자가 부서지면 스스로 고치기보다 다른 친구에게 도움을 요청합니다.

루피에게 문제가 생기면 주로 듬직한 포비가 나서요. 남자 캐릭터인 포비는 덩치가 크고 힘이 세요. 어때요? 남녀의 특징이 구분되어 있지요?

캐릭터들이 입은 옷도 성별을 드러내요. 남자인 뽀로로는 파란색 옷을, 여자인 루피는 분홍색 옷을 입어요. 사실 여러분이 입는 옷이나 가지고 노는 장난감 색깔도 성별에 따라 구분되는 경우가 많답니다. 주로 남자아이에게는 파란색, 여자아이에게는 분홍색이 주어져요.

사진 작가 윤정미는 〈분홍 그리고 파랑 프로젝트〉라는 사진 작업으로 유명해요. 그녀는 이 프로젝트를 통해 어린아이와, 아이가 실제 일상 생활에서 입고 쓰는 물건들을 집 안에 늘어놓고 사진을 찍었어요. 사진을 살펴보면 남자아이와 여자아이의 사진이 확연한 차이를 보여요. 남자아이의 경우 거의 대부분 파란색 계열의 옷과 장난감, 학용품을 가지고 있었고, 반면 여자아이의 경우 분홍색 계열의 옷과 장난감, 학용품이 상당히 많았지요.

  많은 남자아이들이 파란색을 좋아해요. 여자아이들은 분홍색을 좋아하고요. 하지만 모두 그럴까요? 그렇지 않은 경우도 분명 있답니다. 그런데 왜 남자는 파란색, 여자는 분홍색으로 구분할까요? 자꾸 색깔로 남자와 여자를 구분하다 보면 남자는 꼭 파란색이어야 하고, 여자는 꼭 분홍색이어야 한다는 고정된 생각을 키울 수 있어요. 마치 남자는 꼭 남자다워야 하고, 여자는 꼭 여자다워야 한다는 고정 관념처럼요.

남자와 여자를 은밀하게 차별하는 말

중요한 남자, 덜 중요한 여자?

　한국과 일본을 합쳐서 부르는 말은 '한일'이에요. 일본에서는 '일한'이라고 부르지요. 한국, 중국, 일본 세 나라를 가리킬 때에는 뭐라고 부를까요? 우리나라에서는 '한중일', 중국에서는 '중일한', 일본에서는 '일중한'이라고 한답니다.

　이러한 차이는 왜 생길까요? 자기 나라를 맨 앞에 놓는 습관 때문이에요. 이런 습관은 중요한 것을 앞세우고자 하는 마음에서 비롯되지요. 자기가 소속된 곳을 그렇지 않은 곳보다 더 중요하게 생각해 앞에 두는 거예요.

　두 말이 결합해 쓰일 때에도 마찬가지예요. 착한 것과 악한 것을 가리키는 선악, 승리와 패배를 가리키는 승패, 귀함과 천함을 가리키는 귀천, 옳음과 그름을 가리키는 시비처럼 긍정적이고 중요하게 여기는 것들은 앞에 오고 그렇지 않은 것들은 뒤에 온답니다.

　같은 원리가 남자와 여자를 가리키는 말에도 그대로 적용되지요. 대부분의 경우에 남자는 앞에 오고 여자는 뒤에 오는데, 남녀(남성과 여성)가 대표적인 예예요.

　사녀(아들과 딸), 남매(오빠와 누이), 부부(남편과 부인), 부모(아버지와 어머니), 오누이(오라비와 누이), 아들딸, 형제자매, 소년 소녀, 신랑 신부, 장인 장모, 신사 숙녀 등도 마찬가지지요. 자식이 몇이나 되는지 말할 때도 'ㅇ남 ㅇ녀'라고 해요. 맏이가 딸이건 아들이건 상관없이 늘 아들이 먼저랍니다.

무남독녀(아들이 없는 집안의 외동딸), 선남선녀(마음이 착한 남자와 여자), 남남북녀(남자는 남쪽 지방 사람이 잘나고 여자는 북쪽 지방 사람이 고움), 갑남을녀(평범한 사람들) 같은 말에서도 남자를 뜻하는 말이 여자를 뜻하는 말보다 앞에 놓여 있어요.

사실 이런 원리는 단어에만 한정되지 않고 문장에서도 확인됩니다. 일반적으로 사람들은 "남자와 여자는…….", "남자는……, 여자는…….." 이런 식으로 남자를 늘 앞에 두고 말하지요. 이 책에서도 '남자와 여자'라고 쓰고 있어요.

결국 우리말에서 남자는 앞에, 여자는 뒤에 오는 순서는 아주 오랫동안 굳어진 관습 같은 거예요.

그런데 반대의 경우가 있습니다. 가령 모부자 가정, 편모 편부 등이 그렇지요. 모부자 가정은 모자 가정과 부자 가정이 합쳐진 말로, 모자 가정은 어머니와 아이로 이루어진 가정을, 부자 가정은 아버지와 아이로 이루어진 가정을 뜻합니다. 편모와 편부도 비슷합니다. 편모는 아버지가 없고 어머니만 있는 경우를, 편부는 어머니는 없고 아버지만 있는 경우를 가리킵니다.

한국 사회에는 어머니와 아버지 둘 중 하나만 있는 가정을 부정적으로 보는 시선이 많아요. 물론 이는 비뚤어진 시각이에요. 그런데 여러분, 늘 앞에 오던 남자가 이런 경우에는 왜 뒤에 온 것일까요?

결국 안 좋은 경우, 또는 부정적 시각이 담긴 말에서는 여자를 남자 앞에 내세우는 것이지요. **이런 말을 계속 쓰다 보면 우리도 모르게 남자는 중요하고 여자는 덜 중요하다고 생각하지 않을까요?**

더 찾아볼까요?

긍정적인 것이 앞에 오고 부정적인 것이 뒤에 오는 말들은 우리 주변에서 쉽게 찾을 수 있어요. 강약(강한 것과 약한 것), 우열(잘난 것과 못난 것), 상벌(상과 벌), 흥망(잘됨과 망함), 진위(참과 거짓), 희비(기쁨과 슬픔), 애증(사랑과 미움), 길흉(운이 좋고 나쁨), 잘잘못(잘함과 못함) 등이 다 그래요.

남자가 앞에 오고 여자가 뒤에 오는 말들도 많아요. 우선 '남녀'가 들어간 말들이 모두 해당돼요. 남녀 공학, 남녀노소, 남녀평등, 남존여비(남자를 여자보다 존중하는 일) 등이 있지요.

물론 정반대의 사례도 있답니다. 빈부(가난함과 부유함), 손익(손해와 이익), 사활(죽기와 살기) 등에서는 부정적으로 여기는 것이 앞에 옵니다. 그러나 이런 경우는 흔하지 않답니다.

여자일까요? 남자일까요?

사물, 시설, 개념 등을 사람들이 쉽게 알아볼 수 있도록 상징적인 그림으로 나타낸 일종의 그림 문자를 가리켜 픽토그램이라고 해요. 예를 들어 교통 표지판에 그려진 그림이나 안내 표지판, 시설 표지판 등에 그려진 그림을 떠올리면 됩니다.

사진은 비상구를 나타내는 픽토그램이에요. 한 사람이 뛰어 가고 있네요. 여러분은 이 사람이 남자로 보이나요? 여자로 보이나요? 이 픽토그램을 만든 기관에서는 남자와 여자 모두를 뜻한다고 설명합니다. 하지만 일부 사람들은 명백히 남자를 뜻하는 그림으로 보인다며, 남자와 여자가 평등한 픽토그램으로 바꾸자고 주장합니다. 마찬가지로 신호등에 그려진 픽토그램 또한 남자와 여자가 평등하게 바꿔야 한다는 주장도 있었지요.

그래서 시범적으로 여자가 출구를 가리키고, 어린이의 손을 잡은 남자가 황급히 탈출하고 있는 모습을 상징적으로 나타낸 비상구 픽토그램이 만들어지기도 했답니다.

물론 전국에 설치된 비상구나 신호등을 모두 교체하기는 쉽지 않을 거예요. 어마어마한 비용이 들 것이고, 익숙하지 않은 모양에 사람들이 혼란스러워 할 수도 있어요.

하지만 이렇게 일상의 아주 작은 부분부터 바꾸고자 노력한다면, 거대한 편견의 벽을 무너뜨릴 수 있지 않을까요? 변화는 아주 작은 것에서부터 시작한답니다.

어린이를 향한 차별과 편견

나중에 크면 알게 된다고요?

어린이는 아는 것도 없고, 할 수 있는 것도 없는 나약한 존재일까요? 세상에는 아주 지혜롭고 용감한 어린이들이 많답니다. 어쩌면 여러분이 그 주인공일 수도 있어요. 지혜와 용기는 어느 날 갑자기 하늘에서 떨어지는 선물이 아닙니다. 자기 스스로 생각하고, 행동할 기회를 자꾸 가져 봐야 펼칠 수 있어요.

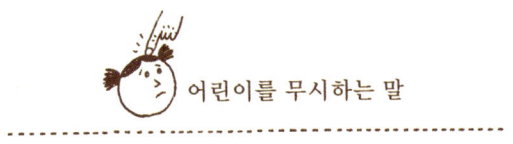
어린이를 무시하는 말

넌 몰라도 돼!

　청소년 자녀를 둔 부모님들이 자녀에게 가장 듣기 싫은 말은 무엇일까요? 바로 "엄마 아빠 몰라도 돼!"라고 합니다. 사춘기에 접어든 청소년들은 부모의 간섭을 피해 자기만의 영역으로 숨어들기 때문에 이런 말을 자주 한다고 해요.

　그리고 또 하나, 어렸을 때부터 비슷한 말을 부모님이나 어른들로부터 계속 들으면서, 자기도 모르게 습관적으로 이런 말을 따라 한다고 합니다. 여러분도 한 번쯤은 "넌 몰라도 돼!"라는 말을 들어 보았을 거예요.

　부모님들이 "엄마, 아빠 몰라도 돼!"라는 말을 싫어하는 것만큼 어린이들도 "넌 몰라도 돼!"라는 말을 듣기 싫어하지요. 왠지 무시당한 것 같은 느낌도 들어요. 도대체 나이가 어리기 때문에 몰라야 하는 일은 뭘까요?

　어린이들이 몰라도 된다는 말을 자주 듣게 되는 상황을 한 번 생각해 볼까요? 예를 들어 여러분이 부모님에게 아이가 어떻게 생기는지 물었다고 해 볼게요.

　옛날 어르신들 말씀처럼 다리 밑에서 아이를 주워 왔다고 말하면

믿을까요? 대부분 믿지 않을 거예요. 어른들이 흔히 하는 말이 "아직은 몰라도 돼!", "나중에 크면 알게 돼!" 등의 말이지요.

많은 부모님들이 자녀가 임신이나 출산, 성과 관련해서 잘못된 생각이나 실수를 할까 걱정해요. 그래서 아무것도 모르면 아무 문제도 일어나지 않을 거라는 생각에 아직은 몰라도 된다고 말합니다.

그리고 사실 어른들끼리도 성에 대해 이야기하는 것을 민망하게 여겨요. 그래서 더더욱 어린 자녀에게 성에 관한 이야기를 하는 걸 꺼릴지도 몰라요. 그렇다고 여러분은 무조건 몰라야 하는 걸까요?

그렇지 않아요. 정확히 알아야 실수나 잘못을 저지르지 않으니까요. 알고도 잘못을 하는 경우도 있지만, 몰라서 잘못을 저지르는 경우도 많아요. 따라서 무조건 모르는 게 좋은 건 아니랍니다.

사실 무조건 몰라도 된다고 말하는 부모님의 마음에는 여러분은 아직 어린아이라는 생각이 자리 잡고 있어요. 그래서 보호해야 한다는 생각 때문에 나쁜 영향을 줄 가능성이 조금이라도 있으면 무조건 가리고 숨기는 게 아닐까요?

하지만 진짜로 여러분을 위해서 "몰라도 돼!"라고 말하는 거라면, 우선 어떤 점이 여러분에게 해로운지 알려 주어야 하겠지요. 그런 뒤에 여러분이 조금 더 성장하여 무엇이 옳고 그른지를 판단할 수 있을 때 정확하게 알려 주겠다고 설명해야 해요. 그럼 여러분도 충분히 부모님의 생각을 이해할 수 있을 테니까요.

이번에는 바꿔 생각해 봅시다. 여러분 스스로 '나는 아직 어리니까 아무것도 몰라. 엄마 아빠가 알아서 다 해 주시겠지?' 하고 생각한 적은 없나요? 어린이는 어른들이 하라는 대로만 하면 된다는 생각에, 스스로 생각하고 의견을 말하는 것을 망설인 적은 없나요?

여러분, 자기 스스로 올바른 생각을 하고 행동하는 것은 매우 중요해요. 〈원피스〉라는 만화 영화가 있어요. 등장인물들은 신비한 열매를 먹고 여러 능력을 갖게 되지요.

'고무고무' 열매를 먹으면 온몸이 마구 늘어나고, '흔들흔들' 열매를 먹으면 지진을 일으키는 능력이 생겨요. 그러나 열매를 먹었다고 무조건 능력을 사용할 수 있는 건 아니에요. 숨겨진 능력을 찾아내 큰 힘을 얻으려면 끊임없이 시도하고 노력해야 해요.

여러분이 스스로 바른 생각을 하고, 행동을 할 수 있는 능력도 다르지 않답니다. 생각은 할수록 깊어지고 행동은 할수록 능숙해집니다.

더불어 자기 행동에 책임질 기회를 가져 봐야 그만큼 책임감도 커진답니다.

소통을 단절시키는 줄임말과 은어

부모님이 어린 자녀에게 "몰라도 돼!"라고 말하는 것처럼, 자녀들 또한 "엄마 아빤 몰라도 돼!"라고 말하며 부모님과 소통하지 않으려고 하는 경우도 많답니다. 자신의 이야기를 하지 않으려는 것은 물론, 부모님이 잘 모르는 줄임말과 은어를 사용해 소통하지 않으려고 해요.

예를 들어 '듣보잡(듣도 보지도 못한 잡놈이라는 뜻의 은어)', '노답(사람에게 문제가 있다고 비난하는 은어)', '멘붕(멘탈이 붕괴되었다는 말의 줄임말로 무엇인가 크게 충격을 받았다는 뜻의 은어)' 같은 단어들은 처음엔 인터넷상에서 유행했지만 지금은 일상생활에서도 많이 쓰이고 있지요. 또 '엄마가 왔다'라는 뜻의 '엄크', '아빠에게 혼나다'라는 뜻의 '파덜어택' 등 게임 용어에서 시작된 은어는 처음부터 아이들끼리의 암호 같은 의미로 만들어졌답니다.

그런데 여러분, 이런 말들을 아무런 생각 없이 자주 쓴다면 부모님과 여러분이 사용하는 말이 달라 세대 간 차이가 벌어지게 돼요. 그러다 보면 마음이 멀어지는 원인이 될 수도 있답니다. 물론 고유의 우리말들이 점점 사라지게 되는 문제점도 생긴답니다.

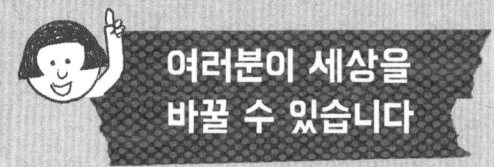
여러분이 세상을 바꿀 수 있습니다

지혜와 용기를 가진 어린이들의 이야기를 소개하겠습니다. 특별한 어린이들의 이야기 같지만, 사실 여러분과 같은 평범한 어린이들의 이야기입니다. 여러분에게도 일어날 수 있는 일들이지요.

예전 크레파스에는 살색이 있었습니다. 지금은 살색 대신 살구색이 있지요. 사실 살색과 살구색은 같은 색이에요. 이름이 바뀐 것이지요. 살색이 살구색으로 바뀌는 데에는 어린이들의 노력이 컸습니다.

처음에는 외국인 노동자들이 살색이라는 표현이 인종을 차별한다고 생각했어요. 그래서 2001년 국가인권위원회에 살색 대신 다른 표현을 쓰자고 의견을 냈어요. 그래서 2002년 살색은 연주황으로 이름이 바뀌었습니다. 그런데 2004년 초등학생들이 국가인권위원회의 문을 다시 두드립니다. 이 어린이들은 이렇게 말했어요.

"어린이들은 크레파스와 물감을 자주 사용해요. 어려운 한자어인 연주황을 사용하는 것은 어린이에 대한 차별입니다."

결국 연주황은 부르기 쉬운 살구색으로 이름이 바뀌었답니다.

이번에는 파키스탄의 용기 있는 어린이 이크발의 이야기를 들려줄게요. 이크발은 아버지의 빚을 갚기 위해 4살 때부터 공장에 갇혀 하루 12시간 이상 노예처럼 카펫을 짰어요. 그러던 어느 날 이크발은 어린이 노예 노동이 불법이라는 사실을 알게 됐어요. 이크발은 결국 주인과 싸워 자유의 몸이 되었답니다. 여기까지만 해도 대단하지요. 그런데 더 대단한 일이 벌어집니다.

이후 이크발은 파키스탄 전체를 돌며 어린이 노예 해방에 대해 이야기했어요. 또 어린이를 노예로 부리는 이들을 고발해 300여 명의 어린이에게 자유를 되찾아 주었지요. 이크발의 나이는 겨우 9살이었어요.

이 일을 계기로 이크발은 인권 단체 '어린이세상'이 주는 '세계 어린이상'의 첫 수상자로 선정됐습니다. 이 상은 '어린이 노벨 평화상'으로 불리지요. 하지만 안타깝게도 이크발은 12살 때 괴한의 총에 맞아 숨졌답니다.

캐나다에 사는 킬버거는 어느 날 신문에서 이크발의 사연을 읽게 되었어요. 동갑내기 소년의 충격적인 죽음을 접한 킬버거는 친구들에게 이 이야기를 알리고 '어린이에게 자유를'이라는 단체를 만들었어요. 이 단체에 1만 명이 넘는 회원이 가입을 했고, 회원들의 노력으로 전 세계 35개 국에 400개가 넘는 학교를 세웠답니다. 이 공로로 킬버거는 노벨 평화상 후보에 세 번이나 올랐지요. 킬버거는 어린이 친구들에게 이런 말을 했어요.

"어른들은 다른 세계 아이들이 노예로 팔려 가는 것에는 놀라지 않고, 어린아이들이 단체를 만들고 목소리를 높인다는 것에 더 놀라워해. 뭔가 뒤바뀐 것 같지 않니?"

어린이의 인권을 무시하는 말

사랑의 매에는
사랑이 있을까요?

우리나라 속담 중에 '귀한 자식 매 한 대 더 때린다.'라는 말이 있어요. 고대 히브리 인들도 '매를 아끼면 자식을 버린다.'라는 말을 했지요. 체벌이 자식 교육에 꼭 필요하다는 생각이 담긴 말이에요. 체벌은 몸에 고통을 주어 벌하는 걸 말해요.

오늘날에도 여전히 많은 어른들이 체벌은 필요하다고 생각합니다. 2010년에 한국교육개발원이 실시한 여론 조사에 따르면, 가벼운 정도의 체벌은 필요하다는 의견이 67.7퍼센트에 달했답니다.

어린이나 청소년들은 집, 학교 또는 학원에서 '사랑의 매'라는 이름 아래 매를 맞는 경우가 종종 있습니다. 물론 때린 어른들은 너희가 잘못을 했기 때문에 맞는 것이고, 너희를 사랑하기 때문에 때리는 것이라고 얘기하지요. 이런 말을 계속 듣다 보면 어느새 맞는 사람도 '내가 잘못을 했으니 맞는 거겠지.'라는 생각을 갖게 됩니다.

실제로 한 방송 프로그램에서 청소년들을 대상으로 설문 조사를 벌였는데, 놀랍게도 응답자의 절반이 넘는 66.7퍼센트의 청소년들이 체벌은 필요하다고 답했답니다.

체벌의 원래 목적은 잘못을 뉘우치고 행동을 변화시키는 거지요.

그러나 많은 어린이들이 매를 맞고 잘못을 반성하기보다는 자기도 모르는 사이에 폭력성을 배우게 된다고 해요. '누군가 잘못을 하면 때려도 되는구나.' 하고 무의식적으로 생각하게 되는 것이지요. 세 살 무렵 매를 맞은 아이는 다섯 살이 되었을 때 매를 맞지 않은 아이보다 50퍼센트 이상 공격성을 더 보인다는 연구 결과도 있답니다.

사실 부모의 체벌에 대한 찬반 의견은 매우 팽팽하게 대립합니다. 찬성하는 쪽에서는 자녀의 자기 통제 능력을 키우기 위해선 적절한 교육이 필요한데, 이때 아무리 말을 해도 통제가 되지 않는다면 매를 통해 효과적인 훈육 효과를 볼 수 있다고 주장해요. 반대 의견은 말이 좋아 훈육이지 사실은 약자에 대한 폭력이기 때문에 어린이의 인권을 짓밟는 체벌은 반드시 사라져야 한다는 거예요.

여러분 생각은 어떤가요? **중요한 것은 그 동기가 아무리 선하다고 하여도 아이가 체벌에 심리적 공포를 느끼고, 나아가 이유가 있다면 다른 사람을 때려도 된다는 생각까지 키우게 된다면 그것은 더 이상 사랑의 매가 아니라는 것이지요.**

어린이의 인권

찰스 디킨스의 《올리버 트위스트》라는 소설이 있어요. 고아 소년 올리버가 겪는 모험과 역경을 그린 소설로, 소설의 배경인 고아원을 통해 19세기 영국의 모습을 생생히 엿볼 수 있지요. 소설 속 고아원의 아이들은 하루 종일 헌 밧줄을 풀었다 다시 꼬는 일을 합니다. 한 사발의 죽이라도 얻어먹기 위해서는 쉬지 않고 일을 해야 하지요.

실제로 19세기 영국의 빈민가 어린이들은 공장이나 탄광에서 하루에 적게는 12시간, 많게는 19시간까지 일을 하며 하루하루를 살아갔어요.

그러다 1819년 아동 노동을 규제하는 법이 생기면서 9살 미만 아동의 노동이 금지되었지요. 하지만 10살부터는 여전히 노동이 가능했고, 근로 환경이 아동의 건강에 특별히 나쁘다고 인정된 면직 공장에만 적용되었어요. 즉 다른 공장에서는 여전히 9살 미만의 어린이들을 고용할 수 있었던 거예요.

이 법은 곧 거센 반발에 부딪히고 말았지요. 더 많은 어린이들을 고된 노동으로부터 보호하자는 의견 때문이었냐고요? 아니요. 놀랍게도 법을 없애 버리자는 의견 때문이었어요. 면직 공장의 주인들은 가난한 아이들이 일을 하고 싶어 한다고 말하며 아이들에게 일할 자유를 줘야 한다고 주장했지요.

9살 미만의 어린이들에게 일할 자유를 줘야 한다는 게 과연 옳은 주장일까요? 오늘날의 눈으로 보면 분명 잘못된 일입니다. 그러나 19세기에는 이러한 주장이 자연스러웠답니다. 이처럼 과거에는 당연했던 일들이 지금은 절대 있을 수 없는 일이 되기도 해요.

체벌은 어떨까요? 과거 자녀 교육의 한 방법으로 당연하게 여겨졌던 체벌이 오늘날에는 찬반 논란은 물론 많은 나라에서는 법으로 철저히 금지하고 있답니다. 현재 전 세계적으로 가정 내 체벌을 금지하는 나라는 스페인, 독일, 브라질, 오스트리아 등 43개 국이고, 학교 안 체벌을 금지하는 나라는 122개 국에 달한답니다. 우리나라에서도 얼마 전 '아동복지법 일부개정법률안'이 통과되었는데, 이 법안에는 "아동의 보호자는 아동에게 도구, 신체 등을 이용하여 신체적 고통을 가하거나 폭언 등으로 정신적 고통을 가해서는 아니된다."라는 내용이 들어 있답니다. 또한 경기, 광주, 서울, 전북 등에서는 학교 안 체벌을 금지하고 있지요.

체벌은 당사자에게 신체적, 정신적인 상처를 남길 수 있고, 또한 아동 학대로 이어질 가능성이 높습니다. 많은 국가에서 체벌을 금지하는 이유랍니다.

어린이에게 상처를 주는 말

말도 우리를 멍들게 합니다

체벌도 심각한 문제지만 체벌보다 더 쉽게, 자주 일어나는 언어 폭력은 더 큰 문제랍니다. 다음 대화를 살펴볼까요?

"너 정말 그럴래? 꼴 보기 싫으니까 나가."
"엄마, 잘못했어요."
"엄마라고 부르지도 마. 너 같은 아들 둔 적 없어."

이 대화에서 어머니는 아이의 잘못을 부모와 자식 사이를 끊는 것으로 바로잡으려 합니다. 물론 대화 속 어머니가 진짜로 아이와의 관계를 끊으려고 하는 건 아닙니다. 하지만 어머니에게 이런 말을 들은 아이는 주눅이 들고 불안감을 느끼게 된답니다. 이렇게 관계가 단절되고 애정이 사라진 듯한 태도와 말은 체벌만큼이나 어린이에게 상처를 주지요.

이러한 말이 아니더라도 부모님이나 선생님이 여러분을 교육하기 위해 쓰는 말이 때로는 여러분을 멍들게 한답니다.

"너는 왜 하는 일마다 말썽이니?"

장난꾸러기 아이들이 한 번쯤 들어 보았을 이야기지요. 여러분 중에도 이런 말을 들어 본 친구가 있을 테고요.

그런데 제 아무리 말썽꾸러기라고 해도 하는 일마다 문젯거리를 일으킬 수 있을까요? 그럴 수는 없을 거예요. 그럼에도 마치 아이가 하는 모든 일이 문제라는 식으로 말한다면, 아이는 '나는 잘할 수 있는 게 아무것도 없어.'라는 생각을 하게 될 거예요.

"말썽 부리지 말고 엄마 아빠가 시키는 대로 해."

이런 말은 어떨까요? 무조건 부모님 혹은 선생님이 시키는 대로 하라는 말도 여러분에게 나쁜 영향을 줄 수 있지요. 이런 말을 자주 듣는다면 주눅이 들어서 스스로 무언가를 시도할 수 없게 될 테니까요.

여러분, 창의성은 새로운 시도와 도전에서 나온답니다. 시키는 대로만 하면 새로운 시도나 도전은 불가능하게 되지요. 그렇다면 부모

님이 여러분에게 이런 말을 할 때 여러분은 어떻게 해야 할까요?

　우선 자주 지적받는 잘못에 대해서는 주의를 기울여야 합니다. 물론 여러분 입장에서 무엇이 잘못인지 잘 이해가 안 될 수도 있어요. 그래서 같은 행동을 반복하는 걸 수도 있고요.

　그럴 때는 부모님에게 자세히 물어봐야 해요. 잘못된 부분이 무엇인지, 여러분이 어떻게 행동하면 되는지 말이에요. 부모님이 설명해 주신 부분이 잘 이해가 안 될 때는 다시 물어봐야 합니다. 그렇게 완전히 이해가 되면 같은 실수를 반복하는 일이 줄어들 거예요.

　또한 여러분 스스로 많은 일을 할 수 있다는 믿음을 부모님에게 심어 주어야 해요. 가령 좋아하는 일을 찾아보거나, 공부 계획을 세워 실천하는 것은 어떨까요? 자신의 미래에 대해 고민하고, 노력하는 모습을 보여 준다면 부모님이 여러분에게 "시키는 대로나 해!"라고 말하지는 못할 거예요.

　혹여나 부모님이 여러분의 마음에 상처를 주는 말을 한다면, 여러분은 그런 말을 들었을 때 어떤 기분이 드는지 부모님께 솔직하게 표현해야 합니다. 그래야 부모님도 자신의 말과 행동을 돌아보고 조심할 거예요.

세상을 둘로 나누는 말

"아빠가 좋니? 엄마가 좋니?"

아빠와 엄마 중 누가 더 좋은지 질문을 받은 어린아이는 눈치를 살피며 선뜻 대답하지 못합니다. 아빠와 엄마 중에 한 명만 고르라니, 어린아이 입장에서는 참 난감하고 짓궂은 요구입니다. 저도 어릴 적에 이런 질문을 받으면 꿀 먹은 벙어리가 되곤 했지요.

이렇게 'A'가 아니면 'B'라는 식으로 구분하는 것을 이분법이라고 해요. 이분법은 대상을 둘로 쪼개고 나누는 구분 방법이지요.

그런데 여러분, 도화지에 세상을 그리는데, 크레파스 색깔이 두 가지밖에 없다고 생각해 보세요. 오직 두 색만으로 세상을 그린다면, 세상을 온전히 표현할 수 있을까요? 세상에는 무수하게 많은 색깔이 있는데 말이지요. 세상을 두 가지 색으로만 칠할 수 없듯 세상의 모든 일들을 명쾌하게 둘로 나눌 순 없습니다.

"아빠가 좋아? 엄마가 좋아?"

그저 어린아이에게 장난삼아 건넨 말이라고요? 하지만 이런 말을 들은 어린아이들이 이분법적인 생각을 아무 생각 없이 받아들이고, 익숙해진 채로 어른이 된다면 문제가 아주 커진답니다.

앞에서 살펴보았던 '남자는 이래야 하고, 여자는 이래야 해!' 같은 시각이 바로 이분법적인 생각에서 비롯되었기 때문이에요. 이런 닫힌 시각 때문에 격투기를 좋아하는 여자아이나 요리를 좋아하는 남자아이가 어려움을 겪는 것이지요.

이분법적 생각은 여러분의 장래에도 영향을 미쳐요. 여러분이 고등학생이 되어 일반계 고등학교에 다니게 되면 특수한 경우를 제외하고 대부분이 국어와 사회 위주로 공부하는 문과와 수학과 과학 위주로 공부하는 이과, 둘 중 하나를 선택해 공부하게 됩니다.

많은 학생들이 문과를 갈지 이과를 갈지 고민하지요. 이때 대부분의 학생들은 수학을 싫어하면 문과, 수학을 좋아하면 이과를 선택하더군요.

그럼 수학을 좋아하는데 역사나 사회도 좋아한다면 어떡하지요? 또는 수학은 싫어하는데 과학은 좋아한다면요? 과학자를 꿈꾸지만 글쓰기를 좋아하는 친구는 어느 과를 선택해야 할까요? 또 소설가를 꿈꾸지만 과학 실험도 좋아하는 친구는 어느 과를 가야 할까요?

아이작 뉴턴, 갈릴레오 갈릴레이, 고트프리트 라이프니츠 등 근대 과학과 수학 발전에 크게 이바지한 이들은 과학자이자 동시에 철학자였답니다. 〈모나리자〉를 그린 레오나르도 다빈치도 예술가이자 과학자였지요. 이들의 공통점은 서로 다른 분야를 아우르는 융합적 인재라는 사실입니다.

미래에는 이런 융합적 인재가 인정받을 거예요. 그래서 미국이나 유럽 등에서는 이미 문과와 이과의 구분을 없앴답니다. **이분법이 유용한 경우도 있겠지만, 낡은 이분법이 시대나 상황에 맞지 않을 때는 과감히 버릴 필요가 있답니다.**

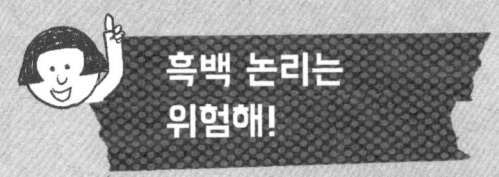
흑백 논리는 위험해!

모든 어른들이 다 그런 건 아니겠지만, 많은 어른들은 두부 자르듯 세상을 둘로 나누는 이분법에 익숙하답니다. 문제는 이러한 이분법적 생각이 모든 문제를 흑과 백, 선과 악, 이득과 손해와 같은 양 극단으로만 구분하는 흑백 논리로 발전하는 경우예요. 아주 간단하게 친구와 적, 우리 편과 남의 편, 모범생과 문제아, 정상과 비정상을 나누고 한쪽을 강요하는 것이지요.

우리가 뒤에서 살펴볼 모범생과 문제아, 장애인과 비장애인, 정상 가족과 비정상 가족, 혼혈인과 순혈인, 백인종과 유색 인종, 서울과 지방의 문제도 두 편으로 나누고, 중간을 인정하지 않는 태도에서 비롯한 거예요.

우리 사회가 진보와 보수로 나뉘어 다투는 것도 흑백 논리 탓이랍니다. 아직 여러분은 진보와 보수라는 말이 어렵게 여겨질 거예요. 간단하게 설명하자면 진보는 잘못된 사회를 확 뜯어고치자는 쪽이고, 보수는 기존의 사회를 지켜 가면서 문제 있는 부분만 해결하자는 쪽입니다. 진보를 좌파, 보수를 우파라고도 합니다. 뭐가 더 좋고 나쁜지 말할 수는 없습니다. 새가 두 날개로 날아가듯이 세상은 서로 다른 의견이 함께 모여 발전하는 것이지요.

흑백 논리가 널리 퍼질수록 대화와 타협을 통해 문제를 해결하는 노력은 줄어듭니다. 우리 편이 아니면 무조건 적이고, 내가 믿는 신을 믿지 않으면 무조건 악이 될 테니까요.

예를 들어 많은 기독교 신자들이 다른 종교를 인정하며 종교 활동을 하지만 간혹 지하철이나 사람들이 많이 붐비는 거리에서 '예수 천당, 불신 지옥' 같은 문구가 적힌 팻말을 들고 선교하는 사람들이 있습니다. "예수를 믿지 않는 사람은 모두 지옥 불에 떨어질 것이다."라고 말하는 것은 잘못된 선교 방식 같아요.

이처럼 흑백 논리 때문에 생각이나 태도가 한쪽으로 치우치는 게 가장 문제랍니다. 중간도 없고 예외도 없이 한쪽이 옳으면 다른 쪽은 틀렸다라고 생각하는 것이지요.

하지만 언제나 옳은 결정만 하는 사람은 없습니다. 옳을 때도 있고 틀릴 때도 있습니다. 둘 중 하나를 골라야 하는 것이 아니라 둘 다 버려야 하는 경우도 있지요. 둘을 섞어 또 다른 의견을 만들어야 하는 경우도 있습니다. 그러나 이분법적 흑백 논리는 그것을 간단히 무시해 버리다 보니 '나만 옳고, 너는 틀렸다.', '너 죽고 나 살자.' 같은 극단적인 생각까지 싹트게 합니다.

생각해 보세요. 이런 생각을 가진 사람들이 만나서 대화하고 협력하여 발전할 수 있을까요? 결국 우리 사회에 어떤 도움도 되지 못할 뿐이지요.

세상을 둘로 나누는 말

하나만 선택해!

대체로 이분법은 특정한 선택을 강요합니다. 이쪽과 저쪽을 나눴다면, 어느 쪽에 설지 결정하라는 식이지요. 어린아이에게 '아빠가 좋니, 엄마가 좋니?'라고 질문하는 것도 선택을 강요하는 것입니다. 애초에 질문 자체가 잘못된 것이지요.

이처럼 잘못된 질문으로 선택을 강요하는 표현들이 있습니다.

가령 몇몇 부모님이 자녀와 의견이 맞지 않을 때 하는 "맞을래? 말 들을래?" 같은 말입니다. 어떤 이야기를 하지 않으면 "맞을래? 말할래?" 같은 말을 하는 경우도 있지요. 안 맞으면서 말을 듣지 않거나, 맞지 않고 말을 안 할 수도 있습니다. 하지만 이런 질문은 그런 경우를 의도적으로 생략한 채 둘 중 하나만을 고르라고 요구해요.

우리는 종종 선택할 필요가 없는 것들을 선택해야 한다고 착각합니다. 혹은 다른 가능성이 있는데도 주어진 경우가 전부라고 생각합니다. 그리고 심각하게 고민하지요.

그러나 인생에는 선택할 일들도 많지만, 그렇지 않은 일들도 있답니다. 또한 사회나 다른 사람이 강요하는 대답 말고 다른 상황이 있을 수도 있어요.

"피고인, '예, 아니요.' 둘 중 하나로 답하세요."

텔레비전 드라마나 영화 속에서 판사나 검사가 자주 하는 말이에요. 이때 '예.'와 '아니요.'로만 답하다 보면 진실과 다르게 묻는 사람이 의도한 대로 답변할 수 있답니다.

미하엘 엔데라는 독일 작가가 있습니다. 《모모》라는 재미있는 동화를 쓴 작가예요. 미하엘 엔데가 이런 이야기를 들려주었어요.

판사로부터 '예, 아니요.' 둘 중 하나로만 답하라고 주의를 받은 피고가 이렇게 묻습니다.

"판사님은 묻는 말에 '예, 아니요.' 둘 중 하나로만 답하실 수 있는지요?"

판사가 그렇다고 하자 피고는 이렇게 질문을 했지요.

"판사님! 판사님은 요즘에도 부인을 계속 때리시는지요?"

판사는 한 번도 아내를 때린 적이 없었어요. 그러나 이 질문에 대해서는 아무 대답을 할 수 없었답니다.

판사는 왜 아무 대답도 할 수 없었을까요? '예.'라고 답하면 여전히 때린다는 말이 되고, '아니요.'라고 답하면 예전에는 때렸지만 요즘에는 안 때린다는 말이 되니까요. 어떻게 대답하든 결과는 아내를 때리는 사람이 되고 말지요. **때로는 '예.'와 '아니요.' 너머에 진실이 존재한답니다.**

황희 정승 이야기를 들어 본 적 있나요? 싸우는 두 사람에게 "너도 옳고, 너도 옳다."고 말한 뒤에, 또 다른 누군가가 옳고 그름을 가리지 않고 왜 모두 옳다고 하느냐고 지적하자 그 의견도 옳다고 말했다지요. 어떻게 보면 다소 실없는 행동으로 보일 수 있지만, 황희 정승의 의도는 자기 입장에서 벗어나 상대방의 입장이 되어 보자는 것 아니었을까요?

몸과 행동을 통제하는 말

학생이
머리가 그게 뭐냐?

혹시 두발 규제나 복장 규제라는 말을 들어 본 적 있나요? 아마 여러분에게는 낯선 말일 텐데요. 우리나라의 많은 중학교와 고등학교에서 따르는 규칙이에요. 학교가 정한 선까지 머리를 짧게 자르고, 교복을 입어야 하는 규칙을 두발 규제, 복장 규제라고 해요.

요즘 들어 두발 규제는 많이 누그러졌지만, 예전에 비해 머리 길이가 길어졌을 뿐 여전히 다양한 머리 스타일을 허락하지는 않아요. 교복 착용은 거의 모든 학교에서 시행하고 있지요.

왜 초등학생인 여러분과는 상관없는 이야기를 하냐고요?

〈찰리와 초콜릿 공장〉이라는 영화가 있어요. 같은 이름의 동화도 아주 유명하지요. 영화에는 똑같은 옷에 똑같은 머리를 한 움파룸파 족이 등장해요. 생김새까지 똑같아서 누가 누구인지 하나도 구분이 안 될 정도지요. 여러분은 곧 중학생이 될 것이고, 그렇다면 좋든 싫든 두발 규제와 복장 규제라는 규칙 속에서 대한민국의 움파룸파 족이 되어야 하기 때문이에요.

"쓸데없이 멋만 부리고……."

"학생이 머리가 그게 뭐냐?"

여러분은 이런 말을 들어 본 적 있나요? 외모에 관심이 많은 언니나 형을 두었다면 부모님이 이런 말을 하는 걸 들어 본 적 있을 거예요.

많은 어른들이 학생이 외모에 관심을 갖게 되면 공부는 하지 않고, 외모 꾸미기에 많은 시간을 쏟을까 걱정합니다. 또 염색이나 파마를 하는 등 머리를 요란하게 꾸미면 문제가 있는 학생이라고 단정하지요. 그래서 머리 모양과 복장을 자유롭게 하도록 허락하면 문제아가 늘어날 거라고 생각한답니다.

그런데 정말 학생들이 외모에 신경을 쓰면 공부를 소홀히 하고, 문제아가 될까요? 대충 생각하면 그럴 것도 같지만, 곰곰이 따져 보면 전혀 그렇지 않아요.

외모에 신경을 많이 써도 공부를 잘할 수도 있고, 외모에 신경을 안 써도 공부를 못할 수 있습니다. 가령 외모 꾸미기엔 관심이 없고 컴퓨터 게임만 하는 학생이라면 공부를 소홀히 하겠지요. 외모에 대한 관심과 공부에 대한 관심은 관련이 없어요.

머리 문제도 마찬가지랍니다. '머리가 단정하면 모범생이고, 그렇지 않으면 모범생이 아니다.'라는 식의 생각은 잘못된 생각이에요. 모범생이지만, 평소 머리 모양에 관심이 많아 다소 요란한 머리를 할 수 있어요. 반대로 학교 생활에 적응하지 못하거나 불량 행동을 즐겨 하는 학생이지만 머리 모양은 평범할 수 있어요.

그렇다면 왜 우리나라의 많은 중학교와 고등학교에서는 학생들에게 똑같은 머리 모양과 똑같은 차림새를 강요하는 걸까요?

두발 규제와 복장 규제는 학생들의 옷과 머리 모양을 통해 학교가

원하는 학생다움을 강요합니다. 학교에서 시키는 대로 교복을 입고, 시키는 대로 머리를 자르며, 시키는 대로 말을 잘 듣는 학생을 원하는 것이지요.

여러분이 지금 다니고 있는 초등학교를 생각해 보세요. 머리 모양도, 옷차림도 모두 자유롭습니다. 그런데 중학생이 되면 왜 키가 작든 크든 치마를 좋아하든 싫어하든 똑같은 모양의 교복을 입고, 단정한 머리를 해야 하는지 어른들은 친절하게 설명해 주지 않습니다. 그저 하지 말아야 할 규칙이 있고, 그 규칙을 따라야 한다고 이야기 합니다. 그렇지 않으면 처벌을 받고 불이익을 당한다고 이야기할 뿐이지요.

규칙과 처벌을 앞세우면 학생들은 눈치를 보게 돼요. 자신의 의지와 관계없이 다른 사람의 의지나 정해진 규칙에 따라 움직이는 사람이 되어 가지요.

학교에서는 학생들에게 창의적인 사람이 되라고 가르칩니다. 그런데 앞뒤가 맞지 않게도 학교에서는 똑같은 옷과 똑같은 머리를 강요하며 학생들을 다른 사람의 뜻에 따라 움직이는 사람으로 만들어요.

창의성을 중요하게 여기는 기업일수록 복장과 환경이 자유롭다는 점이 이를 뒷받침해요. 컴퓨터와 스마트폰으로 유명한 애플은 딱딱한 정장 차림이 아닌 자유로운 복장으로 유명해요. 애플의 CEO였던 스티브 잡스는 신제품을 발표하는 중요한 자리에서도 늘 청바지를 고집했지요.

인터넷 검색 사이트로 유명한 구글은 혁신적인 사업을 많이 하는 세계저인 기업이에요. 예전에 구글의 사무실 모습이 공개되어 큰 반향을 일으켰는데요. 놀랍게도 사무실이 놀이터처럼 만들어져 있었기 때문이에요. 구글의 직원들은 자유로운 분위기 속에서 서로의 생각을 주고받으며 다양한 아이디어를 얻을 수 있었다고 말해요. 이 아이디어 속에서 세상을 바꾸는 혁신적인 사업들이 탄생했고요.

결국 자유롭고 열린 분위기 안에서 개성을 발휘할 수 있어야 창의성이라는 꽃을 피울 수 있는 것이랍니다. 똑같은 모습은 똑같은 생각을 낳을 뿐이에요.

서로 달라 생긴 차별과 편견

들꽃처럼 다양한 사람들

나와 다른 것, 우리와 다른 것에 대해서 좀 더 너그러워질 필요가 있답니다. 차별은 다름을 인정하지 않는 태도에서 나오지요. 장애인의 장애, 혼혈인의 피부색, 미혼과 이혼 등 다수와 다른 특성은 우리 사회에서 차별의 요인이 됩니다. 지구상에는 거의 이천만 종에 달하는 생물들이 살아가지요. 자연이 위대하고 아름다운 이유는 다양성에 있습니다. 인간 사회도 다르지 않답니다. 서로 다른 개성과 차이가 사회를 더욱 풍요롭게 만듭니다.

장애인에 대한 바른 표현

위하는 척하며 위하지 않는 말, 장애우

우리나라에서는 감기에 걸려 병원에 가면 약을 처방 받습니다. 그런데 미국, 영국, 독일 같은 의료 선진국의 병원에서는 감기약을 처방 받을 수 없답니다. 왜 그럴까요?

감기는 약으로 치료할 수 있는 질병이 아니기 때문이에요. 감기약은 감기 증상을 줄어들게 할 뿐이지요. 감기약에 들어 있는 항생제는 몸이 스스로 회복되거나, 강해지려는 움직임을 오히려 방해하기도 한답니다. 또한 약을 많이 먹으면 먹을수록 부작용이 일어날 확률도 높아지고요. 이런 이유로 의료 선진국의 병원에서는 감기약을 처방 받을 수 없답니다.

건강을 생각해 먹은 감기약이 오히려 독이 될 수도 있다니 놀랍지 않나요? 마찬가지로 말에도 이런 경우가 있답니다. 겉으로는 위하는 것 같지만 실제로는 그렇지 않은 말, '장애우'가 그 대표적 예이지요.

예전에는 장애인이라는 말이 없었어요. 장애의 부위에 따라 장님(시각 장애인을 낮잡아 이르는 말)이나 벙어리(언어 장애인을 낮잡아 이르는 말), 귀머거리(청각 장애인을 낮잡아 이르는 말), 앉은뱅이(하반신 장애인을 낮잡아 이르는 말), 애꾸눈이(한쪽 눈이 먼 사람을 낮잡아 이르는 말), 곱사등이(척추 장애인을 낮잡아 이르는 말) 등으로 불렀지요.

장애의 부위와 상관없이 병신, 불구자 등의 말을 쓰기도 했어요. 지적 장애인을 바보, 등신, 천치, 머저리, 팔푼이, 저능아 등으로 부르며 놀리는 일은 비일비재했답니다. 모두 장애인을 깔보고 업신여기는 말들이에요. 절대 사용해서는 안 되는 말들이지요.

옛날에는 장애인에 대한 편견과 차별이 지금보다 훨씬 더 심했어요. 비장애인들은 나와는 다르다는 눈으로 장애인들을 바라보았고, 장애를 가진 것은 부끄러운 일이라 여겼어요. 이러한 사람들의 잘못된 인식 속에서 장애인에 대한 부정적인 말들이 생겨났답니다. 그러다가 1981년 '장애인복지법'이 제정되면서 공식적으로 '장애인'이란 말이 쓰이게 되었지요.

요즘은 세상이 많이 변했어요. 장애인에 대한 시선도 예전과 비교해 많이 달라진 듯해요. 장애인을 멀리하지 말고 더불어 살아야 한다고 생각하는 비장애인들이 늘어났어요.

그리고 '장애우'라는 말이 생겨났지요. 장애우의 '우'는 친구를 뜻해요. 한자 '벗 우(友)'를 쓰지요. 장애인을 보다 친근하게 대하자는 뜻에서 생겨난 말인 것 같습니다. '장애를 가진 사람도 우리, 즉 비장애인의 친구다!' 아마 이런 의도로 만들어졌을 거예요.

벗이나 친구, 동무 등은 더없이 좋은 말들이에요. 장애우라는 말에 담긴 좋은 의도를 부정하기는 어렵습니다. 다만 친근하게 대하는 적절한 방법에 대해서는 생각해 볼 필요가 있답니다.

곱씹어 보면 장애우라는 말은 온전하지 못한 말입니다. 장애우라는 표현은 비장애인의 입장에서는 문제없이 사용할 수 있겠지만, 장애인이 자신을 가리킬 때 사용하면 문제가 됩니다.

"저는 장애우 ○○○입니다."

풀이하면 '나는 장애가 있는 친구 ○○○이다.'입니다. 자기 자신을 친구라고 가리키는 이상한 말이지요?

결국 장애우라는 말은 비장애인이 장애인을 가리킬 때만 쓸 수 있고, 정작 장애인이 자기를 가리킬 때는 쓸 수 없는 말이랍니다. 그러니 온전하지 못한 반쪽짜리 표현인 것이지요.

장애우라는 말에는 또 한 가지 이상한 점이 있어요. 장애인의 아들이 아버지를 가리켜 "저희 아버지는 장애우입니다."라고 말할 수 있을

까요? "저희 아버지는 장애를 가진 친구입니다."라고 말이지요.

우리는 아무에게나 친구라고 말하지 않습니다. 특히 나이 어린 사람이 나이 많은 사람을 가리켜 친구라고 하지 않지요. **장애인이라고 해서 나이에 상관없이 모두의 친구가 될 수 있는 건 아니니까요.**

무분별한 욕설과 비속어 사용

과거 장애인에 대한 인식이 부족했을 때, 장애인을 비하하고 조롱하는 비속어를 쓰는 사람들이 많았어요. 하지만 지금은 장애인에 대한 부정적 시각이 많이 사라지고, 그들의 인권을 존중하는 움직임이 자리 잡았지요. '장애우'라는 말은 어쩌면 이러한 움직임 속에서 잘못 만들어진 말일 거예요.

그런데 요즘 어린 학생들 사이에서는 과거 장애인을 향한 욕설이나 비속어로 사용되었던 말을 이용해 친구를 놀리는 말들을 만들어 내는 게 유행이라고 해요. 예를 들어 '여병추'라는 말은 '여기 병신 추가'의 줄임말로 친구가 이상한 말을 하거나 잘못된 말을 했을 때 놀리듯 사용하는 비속어예요. 아무리 가까운 사이라고 해도 이런 말을 들으면 기분이 나쁠 거예요.

이런 비속어가 또래 친구만을 향하는 것은 아닙니다. 부모님이나 선생님 나아가 경찰관 같은 특정 직업을 지칭하는 비속어도 무분별하게 만들어지고 사용되고 있지요.

국립국어원의 조사에 따르면 초등학생의 97퍼센트, 청소년의 99퍼센트가 욕설 또는 비속어를 사용한 적이 있다고 해요. '장난으로, 아무 생각 없이, 다른 친구도 쓰니까!' 등의 이유로 말이지요. 전문가들은 어린이와 청소년 시기에 욕설과 비속어를 사용하면 폭력성이 자라고 올바른 대인 관계 형성이 어렵다고 말해요. 아울러 욕설과 비속어는 상대방을 향한 무차별한 폭력이랍니다.

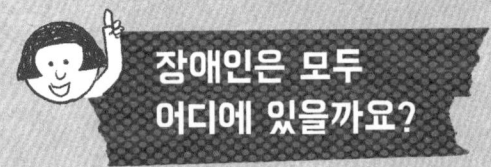
장애인은 모두 어디에 있을까요?

만일 대한민국이 100명으로 이루어진 마을이라면, 장애인은 5명이 살고 있답니다. 실제로 우리나라 인구는 약 5,000만 명 정도이고, 장애인의 수는 약 250만 명 정도랍니다. 그런데 오늘 여러분이 길에서 마주친 장애인은 몇 명이었나요?

100명 중에 5명 꼴로 장애인이 있는데, 길에서 마주친 장애인은 몇 명 되지 않을 거예요. 우리를 스쳐 지나간 사람이 수백 명은 될 텐데 말이에요.

한 조사에 따르면 장애인의 70퍼센트가 한 달에 다섯 번도 외출을 못한다고 합니다. 장애인들이 집 밖으로 나오지 못하는 이유는 뭘까요?

비장애인에게 맞춰 만들어진 바깥 세상은 장애인에게 전쟁터와 다름없답니다. 비좁은 인도, 높은 계단, 거리의 온갖 장애물 모두 장애인의 안전을 위협하지요.

이런 물리적인 벽 말고도 시선의 벽에도 부딪칩니다. 물리적인 벽은 보이는 벽이고 시선의 벽은 보이지 않는 벽입니다. 보이는 벽보다 보이지 않는 벽이 더 높고 두텁습니다. 요즘은 많이 달라졌다고 하지만 예전에는 장애인이 전동 휠체어를 타고 지하철을 타면 주변 승객들이 쳐다보곤 했습니다. 호기심이건 동정심이건 주변의 시선은 장애인에게 불편할 수밖에 없습니다.

장애인이 지나갈 때 신기하게 쳐다보는 것, 호기심 가득한 질문을 던지는 것, 동정 어린 격려를 하는 것 등은 피해야 합니다. 비장애인의 뜻 없는 행동도 장애인에게는 큰 상처가 될 수 있답니다.

몸으로 마음을 판단하는 말

몸매가 착하다고요?

〈슈렉〉이라는 영화를 보았나요? 2001년부터 2010년까지 모두 네 편의 시리즈로 만들어진 영화랍니다. 영화의 주인공 슈렉은 못생긴 괴물이에요. 슈렉은 아름다운 피오나 공주와 사랑에 빠집니다.

그런데 피오나 공주는 슈렉과 사랑에 빠지면서 슈렉처럼 못생긴 괴물로 변하게 됩니다. 하지만 공주는 사랑하는 슈렉과 함께 살아가기로 결정하지요. 비록 외모는 볼품없지만 그들의 마음은 누구보다 아름다웠답니다.

우리 사회는 무엇이든 얼굴과 관련지어 생각하고 판단하곤 합니다. 이 영화를 보면서 만약 피오나 공주가 현실로 걸어 나온다면, 우리는 그녀의 아름다움을 제대로 볼 수 있을까 생각해 보았어요.

거지도 잘생기면 얼짱 거지가 되고, 심지어 강도가 예뻐도 얼짱 강도가 되는 세상이에요. 도둑질은 분명 나쁜 행동인데도, 도둑질은 잊혀지고 얼굴만 기억되는 것이지요.

'얼짱, 몸짱, 동안, S라인, V라인, 개미허리, 명품 다리, 꿀벅지, 착한 몸매, 미친 몸매, 이기적인 몸매' 등의 말들이 유행하고, 성형 열풍이 세상을 휩쓸고 있어요.

들꽃처럼 다양한 사람들 **67**

외모 지상주의는 외모가 그 사람의 가치뿐 아니라, 인생의 성공과 실패까지 결정한다고 생각해 외모에 지나치게 집착하는 태도를 가리켜요. 이런 태도가 심해지면 외모에 대한 차별로 이어지지요.

'착한 몸매'라는 말은 이를 가장 잘 보여 주는 말 중 하나예요. 착한 몸매는 흔히 멋있고 날씬한 몸매를 가리키지요. 그런데 '착한'은 마음에 관한 표현이고 '몸매'는 몸에 관한 표현이에요.

몸을 가리켜 착하다고 표현하는 것이 과연 옳은 표현일까요? 겉으로 드러난 몸의 모양새는 결코 착할 수 없어요. 그러나 착한 몸매라는 말은 외모도 착하거나 나쁠 수 있다는 판단을 하고 있답니다.

외모에 대한 관심과 강조는 어른뿐만 아니라 어린이들에게도 광범위하게 퍼져 있어요.

2012년 어린이들이 사용하는 한 인터넷 사이트에서 초등학생 이만 명을 대상으로 '새해에는 어떤 일을 계획했나요?' 하고 물었어요. 1위를 한 답변이 무엇이었을까요? 바로 '다이어트'였답니다. 5위는 '키 크기'였지요.

　새해에 꼭 이루고 싶은 소원도 물었답니다. 1위가 짐작이 가나요? 바로 '키도 크고 훈남과 훈녀가 되게 해 주세요.'였어요. 어린이들이 얼마나 외모에 관심을 갖고 있는지 알 수 있는 설문 조사였지요.

　이런 현상을 보여 주는 또 다른 예도 있어요. 예전에 서울특별시 서초구청에서 '어린이 비만 클리닉'을 열었어요. 그러자 무려 몇 백 명이 넘는 어린이가 몰려들었다고 해요. 더욱 놀라운 것은 초등학교 고학년 어린이들의 경우 본인이 원해서 직접 찾아온 어린이가 많았다는 사실입니다.

　자, 다음 제목을 살펴보세요.

　《뷰티걸 & 날씬녀 프로젝트》,《내 몸이 예뻐지는 다이어트》,《어린이 차밍스쿨》,《예쁜 걸이 되는 법》,《몸매 짱이 될테야》,《예뻐지기 위해 노력하는 아이, 고민만 하는 아이》

　어른들이 보는 외모 관련 텔레비전 프로그램 제목이냐고요? 아니요. 놀랍게도 여러분이 읽는 어린이 책 제목들이랍니다. 어린이들이 읽는 책에서도 외모 지상주의를 찾아볼 수 있는 것이지요.

　물론 어린이들도 자기 외모에 관심을 갖고 꾸밀 수 있습니다. 문제는 이런 책들이 획일적인 아름다움을 부추긴다는 거예요. 여러분에게

날씬한 몸매, 오뚝한 콧날, 달걀형의 얼굴 등 특정한 외모만이 아름답고 좋다는 생각을 심어 줄 수 있답니다. 물론 여러분의 잘못이 아니에요. 어른들이 그런 문화를 끊임없이 만들어 내니까요.

외모가 지나치게 강조되다 보니 때로는 못생긴 게 죄가 되는 어처구니 없는 일이 생기기도 해요. 당연히 잘못한 일만 가지고 벌을 받아야 하는데 말이지요.

어쩌면 이런 생각은 외모가 못생기면 성품도 못됐을 거라는 잘못된 생각에서 비롯됐을 거예요. 여러분이 어렸을 적 읽은 《신데렐라》, 《콩쥐 팥쥐》, 《장화 홍련》, 《헨젤과 그레텔》 같은 이야기책에 등장하는 계모와 새 언니 그리고 마녀들의 공통점은 뭘까요? 바로 못생기고 사악하다는 점입니다. 반면에 이야기 속 여주인공들은 대개 성품이 착하고 외모도 예쁘지요. 어쩌면 우리는 어릴 때부터 외모에 대한 잘못된 편견을 키워 오고 있는지 몰라요.

다시 '착한 몸매' 이야기로 돌아가 볼까요? 착한 몸매는 많은 것을 외모에 의해 판단하는 우리의 현실을 보여 줍니다.

아름다움을 기준으로 착한 정도를 판단할 수도 없고 판단해서도 안 되지요. 얼굴이 예쁘다고 마음이 착한 것도 아니고, 얼굴이 못생겼다고 마음이 나쁜 것도 아닙니다. 그 반대도 마찬가지예요.

결혼에 대한 선입견이 담긴 말

결혼은 누구나 해야 하는 것?

〈뽀롱뽀롱 뽀로로〉, 〈방귀대장 뿡뿡이〉, 〈꼬꼬마 텔레토비〉, 〈꼬마 기관차 토마스와 친구들〉, 여러분이 어렸을 적 좋아했거나, 여러분보다 어린 동생들이 좋아하는 텔레비전 만화 프로그램입니다. 그럼 이 만화들의 공통점은 뭘까요?

바로 주인공 곁에 부모나 형제자매 같은 가족이 등장하지 않는다는 거예요. 주인공과 함께하는 건 친구나 동료들이지요.

제가 어렸을 적 보았던 텔레비전 만화는 〈달려라 하니〉, 〈아기 공룡 둘리〉, 〈영심이〉, 〈피구왕 통키〉, 〈개구리 왕눈이〉 등이에요. 이들 만화에는 가족이 등장했답니다.

만화의 이러한 변화는 우리 사회에 다양한 가정의 형태가 등장했기 때문이 아닐까 생각해 보았어요. 예전에는 아버지, 어머니, 자녀(들), 이렇게 세 명 이상의 구성원으로 이루어진 가정을 보통 정상적이고 이상적인 가정으로 생각했어요. 그렇지 못한 가정은 완전하지 않다고 여겼지요.

그러나 오늘날 가정의 형태는 매우 다양합니다. 부모가 이혼을 해 자식이 한쪽 부모와 사는 경우도 있고, 결혼을 하지 않고 혼자 사는 경

우도 있어요. 또는 조부모와 손자가 함께 사는 등 다양한 모습으로 살아가요.

그런데 우리가 사용하는 말들은 다양한 삶의 모습을 인정하지 않는 듯해요. '미혼'이라는 말이 대표적이지요. 미혼의 사전적 의미는 '아직 결혼하지 않음. 또는 그런 사람'입니다. 반대말인 기혼은 '이미 결혼함.'을 뜻합니다.

아직 결혼을 하지 않았다는 것은 언젠가 꼭 한다는 걸 뜻해요. 즉 미혼이라는 말 속에는 모든 사람이 결혼을 한다는, 혹은 해야 한다는 생각이 깔려 있는 것이지요.

그러나 모든 사람이 다 결혼을 하는 것은 아니에요. 수녀님이나 스님처럼 종교적 이유로 결혼을 하지 않는 사람들도 있고, 종교가 아니더라도 개인의 선택으로 결혼을 하지 않는 사람들도 많아요. 결혼은 의무가 아니라 선택이지요. 사회나 부모가 강제로 시킬 수 없고 전적으로 개인이 선택할 문제입니다.

그러니 결혼하지 않은 상태를 '아직 결혼하지 않음.' 그러니까 미혼이라고 표현하는 것은 적절하지 않답니다. '결혼하지 않음.'으로 표현해야 하지요.

많은 사람이 결혼한다고 해서 모두가 결혼을 해야 하는 건 아니니까요. **결혼은 다수결이 아니랍니다. 그렇다면 '미혼'이라는 말은 '아직 ~하지 못하다.'라는 뜻을 지닌 '미(未)' 자가 아닌 '아니다.'의 뜻을 지닌 '비(非)' 자를 써서 '비혼'이라고 해야 하지 않을까요?**

이제는 없어져야 하는 말, 미망인

'미(未)' 자가 들어간 말 중에 '미망인'이란 말이 있어요. 미망인은 남편이 죽고 홀로 남은 여자를 부르는 말이에요. 일반적으로 미망인은 상대방을 점잖게 이르는 말로 사용해요. 비슷한 말인 과부와 비교해 봐도 좀 더 점잖은 느낌을 줍니다.

그러나 미망인의 속뜻은 그 반대입니다. 글자 하나하나의 뜻을 풀이하면, 우선 미는 '~하지 못하다.'란 의미이고, 망은 '죽다.'라는 의미를 가지고 있어요. 인은 '사람'을 뜻하고요. 그러니까 '아직 죽지 못한 사람'이라는 뜻이지요.

즉 미망인은 아직 남편을 따라 죽지 못한 사람을 뜻하는 말로 '남편이 먼저 세상을 뜨면 그 부인은 남편을 따라 죽어야 한다.'라는 끔찍한 생각이 담겨 있답니다. 국어사전에도 '아직 따라 죽지 못한 사람이란 뜻으로, 남편이 죽고 홀로 남은 여자를 이르는 말'이라고 풀이되어 있지요. 장애우와 마찬가지로 상대방을 위하는 것 같지만 절대 위하는 말이 아니랍니다.

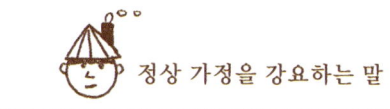 정상 가정을 강요하는 말

들꽃처럼 다양한 세상의 가정들

미혼에 담긴 의미처럼 결혼을 당연히 해야 하는 일이라고 여긴다면, 이혼은 절대로 해서는 안 될 일이 되겠지요. 당연히 이혼이라는 말에도 부정적인 느낌이 가득합니다. 그 말에는 '무책임한', '문제가 있는', '자식을 생각하지 않는' 등의 편견이 덕지덕지 붙어 있지요.

그렇다면 이혼은 절대로 해서는 안 되는 일일까요? 물론 사랑하는 사람과 결혼을 하고 가정을 꾸려 사는 것은 행복한 일입니다. 남편과 부인은 화목한 가정을 만들기 위해 서로서로 노력해야 하지요.

그러나 때로는 노력에도 불구하고 문제가 생기기도 합니다. 관계가 나빠지기도 하고요. 이혼은 충분히 노력했지만 결혼 생활을 더 이상 유지할 수 없다고 판단할 때 최종적으로 선택할 수 있는 하나의 방법입니다. 결혼이 개인의 선택인 것처럼 이혼도 개인의 선택이에요. 다른 사람이 이러쿵저러쿵 비난해서는 안 될 일이지요.

흔히 자녀가 있는 부부가 이혼을 할 경우 자녀가 한쪽 부모와 같이 살게 되는데 이런 가정을 '결손 가정'이라고 부릅니다. 사전은 결손 가정을 '부모의 한쪽 또는 양쪽이 죽거나 이혼하거나 따로 살아서 미성년인 자녀를 제대로 돌보지 못하는 가정'이라고 풀이하고 있어요.

한마디로 완전하지 못한 가정이라는 뜻이에요. 어느 한 부분이 없거나 잘못되어 불완전하다는 뜻이 담긴 이러한 말은 당사자들에게는 큰 상처가 된답니다.

결손 가정을 다른 말로 '편부모 가정'이라고도 부릅니다. 아버지와 자녀가 함께 살면 '편부 가정', 어머니와 자녀가 함께 살면 '편모 가정'이라고 하지요. 여기서 '편'은 한쪽만 있다는 뜻이랍니다. 어때요? 편부모 가정 역시 무언가 빠져 있다는 느낌을 주지 않나요?

그래서 1999년 한국여성민우회의에서는 설문 조사를 통해 편부모 가정을 일컫는 새로운 말인 '한부모 가정'이라는 표현을 만들었어요. '한'은 '하나'라는 의미와 함께 '크다.', '가득하다.' 등의 의미를 담고 있어요. 그러니까 한부모 가정은 '부모 중 한 명이 있다.'는 뜻과 함께, '혼자지만 온전하다.'는 뜻도 지니지요.

참고로 모자 가정과 부자 가정의 생활 안정과 복지 증진을 목적으로 만든 '모부자복지법'은 2007년 '한부모가족지원법'으로 이름이 바뀌었답니다.

오늘날 가정의 모습은 갈수록 다양해지고 있어요. 부모 중 한쪽이 자녀를 양육하는 가정을 비롯해서 할머니, 할아버지와 손자로 이루어진 조손 가정, 배우자 없이 혼자 사는 독신자 가정, 자녀가 없는 무자녀 가정 등 다양한 형태의 가정이 늘어나고 있답니다.

이제 부부 중심의 가족만을 온전한 가족으로 여기는 시대는 지났어요. **삶의 모습이 다양해지면서 가정의 모습도 다양해지고 있지요. 달라진 시대 상황을 고려한다면, 가정에 대한 우리의 인식도 달라져야**

들꽃처럼 다양한 사람들

하지 않을까요?

 물론 완강하고 오래된 편견이 쉽게 사라지지는 않겠지요. 하지만 한부모 가정과 같이 편견 없는 표현을 자꾸 쓰다 보면 언젠가는 편견에서 벗어나 인식을 바꾸는 계기가 될 수 있답니다.

단일 민족의 우월함을 강조하는 말

혼혈인은 순수하지 않다?

우리는 지금껏 한국인은 단일 민족이라는 말을 귀에 못이 박히게 들어 왔습니다. 하지만 옛날부터 이 땅에는 여러 인종과 민족들이 흘러 들어와 서로 섞여 살아왔어요. 우리는 그 후손이고요.

실제로 몽골인을 비롯한 약 칠만 명에 이르는 외국인이 고려에 들어와 살았다는 기록도 있어요. 한국인은 원래부터 하나의 민족은 아니었어요.

우리가 사는 지구에는 피부색도, 쓰는 말도, 믿는 종교도 서로 다른 수많은 사람들이 다양한 문화를 가지고 살아갑니다. 그런데 어느 한 민족이나 나라가 자기네 언어와 문화의 순수성에 집착하게 되면 국수주의에 빠지게 되지요.

국수주의는 자기 나라의 고유한 역사와 전통, 문화를 가장 뛰어난 것으로 믿고, 다른 나라의 것을 멸시하는 태도랍니다. 전 세계의 모든 나라가 국수주의를 추구한다면 끝없는 갈등과 싸움이 계속될 거예요. 상상만으로도 끔찍하지요?

마찬가지로 자기 민족의 순수성에 집착하면 인종주의가 싹틉니다. 인종주의는 인종 사이에 근본적인 차이가 있다고 믿으면서 다른 인종을 차별하는 나쁜 태도랍니다.

　우리가 쓰는 말에서도 인종주의를 찾을 수 있어요. '혼혈인'을 비하하는 말들이 그렇지요. 혼혈인의 사전적 의미는 '혈통이 서로 다른 사람 사이에서 태어난 사람'입니다.

　그런데 몇몇 사람들은 혼혈인을 비하하고 낮잡아 보며 '잡종'이라는 말을 사용해요. 잡종을 사전에서 찾아보면 다음과 같이 뜻을 풀이하고 있답니다.

　　1. 이것저것 잡다한 종류
　　2. 어느 하나에 소속하지 못하고 잡다한 것이 뒤섞인 것
　　3. 인간성이 못된 사람을 비난조로 이르는 말
　　4. 이종의 교배에 의하여 생긴, 유전적으로 여러 종의 유전자가
　　　섞인 생물

　잡종은 "그 인간은 상종 못할 잡종이야!" 처럼 인간성이 못된 사람을 비난할 때도 씁니다. '잡'이 들어간 말들은 하나같이 어감이 나쁘지요. 잡것이 그렇고 잡놈이 그렇습니다. 또 잡티, 잡초, 잡풀, 잡음, 잡일, 잡무, 잡념, 잡담, 잡생각, 잡상인…… 어떤가요?

　이런 말들은 순종은 순수하고 잡종은 불순하다, 다시 말해 잡종은 순수하지 못해 더럽다고 여기는 잘못된 생각 때문에 생겨난 게 아닌가 싶어요. 이런 생각이 사람에게도 똑같이 적용되어 순혈(다른 피가 섞이지 아니한 순수한 혈통)은 순수하고 혼혈은 불순하다는 잘못된 인식을 낳지 않았을까요?

예전에는 이런 인식이 아주 강했답니다. 그래서 이승만, 박정희 전 대통령 시절에는 정부가 혼혈아를 해외로 입양시키는 정책을 펴기도 했지요. 이를 인종 분리 정책이라고 부른답니다.

오늘날에는 정부 차원의 인종 분리 정책은 사라졌습니다. 다만 여전히 많은 혼혈인들이 사회적인 편견과 차별에 시달리고 있지요. 그래서 유학이나 이민을 원하는 청소년 혼혈인들이 많다고 해요.

다문화 가정 자녀

2007년 8월 19일, 유엔 인종차별철폐위원회(CERD)는 한국 정부가 제출한 〈모든 형태의 인종 차별 철폐에 관한 국제 협약〉과 관련한 실천 보고서를 심사한 뒤, 〈외국인과 혼혈을 차별하는 단일 민족 국가 이미지를 극복하라!〉는 보고서를 발표했어요. 보고서는 한국이 단일 민족을 강조하는 것은 한국에 사는 다양한 인종들 간의 어우러진 생활에 방해가 된다는 우려와 함께 '순혈'과 '혼혈' 같은 용어도 인종적 우월주의를 드러낸다고 꼬집었지요.

그렇다면 혼혈아 대신에 '다문화 가정 자녀'라는 표현을 쓰는 것은 어떨까요? 외국인과 한국인이 만나 이룬 가정은 '다문화 가정'으로 부르고요. 다문화 가정은 서로 다른 국적, 인종이나 문화를 지닌 사람들로 구성된 가정을 뜻하고, 다문화 가정 자녀는 다른 국적, 인종이나 문화를 지닌 부모 사이에서 태어난 자녀를 뜻하는 것이지요.

편견의 시각보다는 다양함을 존중하는 시각이 담겨 있지 않나요?

단일 민족의 우월함을 강조하는 말

섞임은 아름답다

이번에는 바꾸어 생각해 봅시다. 잡종의 반대말은 순종입니다. 다른 품종이 섞이지 않은 순수한 품종을 뜻하지요. 혹시 여러분 중에 '순종아'라는 말을 들어 본 사람 있나요? 아마 없을 거예요. 순수한 혈통을 우월하고 정상적인 그리고 보통의 사람으로 여기는 사회 분위기 속에서 그런 사람들을 따로 가리킬 필요는 없을 테니까요.

우리는 우리도 모르는 사이 한국인 부모 사이에서 태어난 사람은 토종 한국인, 일등 국민으로 여기고, 외국인과 한국인 부모 사이에서 태어난 사람은 혼혈인, 이등 국민으로 여기며 무시하곤 합니다. 심지어 이유 없는 비판을 하기도 하지요. 그럼 혼혈인은 정말 열등할까요?

하인즈 워드는 미식축구 결승전인 슈퍼볼에서 두 번이나 우승을 이끈 유명한 미식축구 선수예요. 그는 미국 사회에서 슈퍼스타로 통하지요. 여러분, 하인즈 워드는 한국계 혼혈인이랍니다. 어머니는 한국인이고, 아버지는 한국에 파병 온 미군이었지요. 그는 무시 당하고 비판받는 혼혈인이 아닌, 뛰어난 재능을 가진 놀라운 스포츠 선수이며 미국에서 사랑 받는 슈퍼스타랍니다. 혼혈인이라고 해서 결코 열등하거나 모자라지 않습니다.

이 세상에 순수하게 그 자체로 존재하는 것은 없어요. 서로 다른 것들이 섞여 차이와 다양성을 만들어 내는 것은 생물의 생존에 매우 중요한 조건이 된답니다.

1847년, 아일랜드에서 팔백여 만 명의 아일랜드 인구 중 백여 만 명이 사망하고, 삼백여 만 명이 해외로 이주하는 일이 벌어졌어요. 원인은 감자였지요. 감자는 아일랜드인의 주식이었는데, 감자 마름병이 퍼져 감자 수확량이 급격히 줄어든 탓에 많은 사람들이 굶어 죽는 일까지 발생했답니다.

당시 아일랜드는 한 가지 품종의 감자만 재배하고 있어서 피해가

컸다고 해요. 만약 여러 종류의 감자를 재배했다면 병충해의 피해를 줄일 수 있었겠지요. 이처럼 '생물 다양성'은 인간의 생존을 위해서 꼭 필요한 가치랍니다.

현명한 문제 해결과 올바른 의사 결정에서도 다양성과 차이는 중요한 역할을 해요. 제2차 세계 대전 당시 독일은 중요한 정보를 에니그마라고 하는 비밀 암호화 기계를 통해 철저히 보호하고 있었어요. 독일군의 비밀 암호는 너무 복잡해서 이를 풀 수 있는 확률은 거의 불가능에 가까웠지요.

그런데 놀랍게도 영국군이 이 기계의 비밀 암호를 풀어 내는 데 성공했습니다. 이는 배경과 직업 그리고 출신이 서로 다른 일만여 명의 사람들로 이루어진 영국군 암호 해독팀이 있었기에 가능했어요. 암호 해독팀에는 수학자, 공학자, 작가, 언어학자, 고서적상, 체스 선수, 이집트 상형문자 전문가, 고대 그리스 로마 연구자 등이 있었는데, 이들은 각자의 전공과 특기를 살려 불가능한 일을 해낸 것이에요.

많은 학자들은 연구를 통해 다양한 사람들로 구성된 집단이 우수한 성과를 낸다는 결과를 발표하고 있답니다. **다양한 관점을 지닌 사람들이 모일수록 뛰어난 능력을 발휘한다는 것이지요**. 우리가 혼혈인은 열등하다는 생각을 버려야 하는 이유랍니다.

내가 백인이어도 그랬을까요?

우리나라에서 한 해 결혼하는 부부 중 전체의 10퍼센트가 국제결혼을 합니다. 매년 다문화 가정의 수는 가파르게 늘고 있고, 현재 다문화 가정은 26만 가구에 달합니다. 다문화 가정 자녀 중 학생의 수는 약 6만 명 정도이고요. 얼마 전 다문화 가정 자녀 10명 가운데 1명 꼴로 학교 폭력과 따돌림을 경험한다는 뉴스 보도가 났어요. 이는 소수의 문제가 아니라 우리 사회 전체의 문제입니다.

그런데 한국 사회가 다문화 가정 자녀를 무조건 밀어내는 건 아닙니다. 가령 백인계 혼혈 연예인이 큰 인기를 끄는 경우를 보면 말입니다.

2009년 인도인 보노짓 후세인 씨는 버스에서 모르는 사람에게 인종 차별적인 욕설을 듣습니다. 그는 욕한 사람을 경찰서로 데려갔어요. 그런데 그곳에서 더 황당한 일이 벌어집니다. 경찰이 인종 차별을 금지하는 법이 없다며 오히려 후세인 씨를 몰아붙이며 신분에 대해 따져 물었어요.

"내가 백인이어도 그랬을까요?"

후세인 씨가 이 사건에 대해 한 말이랍니다.

혼혈에 대한 편견과 차별에 피부색에 대한 편견과 차별까지 더해진다면 이는 최악의 상황이 아닐 수 없겠지요.

대한민국이라는 사회 속에서
만들어진 차별과 편견

몇 학년 몇 반 누구누구입니다

한국 사회에는 여러 문제가 뒤얽혀 있어요. 그 문제들 가운데 많은 부분은 내가 속한 집단을 지나치게 내세우기 때문에 발생한답니다. 나의 직업, 나의 학교, 나의 핏줄, 나의 고향, 내가 사는 곳 같은 것들 말이에요. 한 개인이 속한 집단을 통해 그 사람을 파악하려다 보면 엉뚱한 오해가 생기기 마련입니다. 특정 대학을 나왔으니 능력이 있을 거라든가, 특정 지역 출신이니 배신을 잘할 거라는 식의 오해 말입니다. 하지만 한 개인의 정체성은 그가 속한 집단으로 설명할 수 없을 때가 많지요.

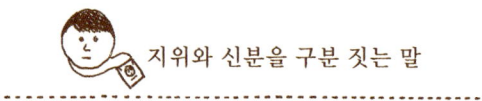
지위와 신분을 구분 짓는 말

교수님, 감독님, 농부님, 우편집배원님

"꼬마야, 여기 어떻게 가는지 아니?"

누군가 여러분에게 길을 묻습니다. 이처럼 모르는 사람이 여러분을 부를 때는 보통 '꼬마'나 '학생'으로 부르지요. '꼬마'나 '학생'처럼 누군가를 부르는 말을 호칭이라고 합니다.

호칭은 대개 사람의 이름을 가져다 쓰지만, 이름을 모를 때는 적절한 호칭이 필요하지요. 이때 직업이나 지위가 호칭으로 사용됩니다. 가령 공식적인 자리에서 대통령은 이름으로 불리지 않고 대통령님으로 불립니다.

그렇다고 모든 직업이나 지위가 호칭이 되는 건 아니에요. 사실 호칭으로 부르는 직업은 얼마 되지 않아요. 교수, 판사, 감독, 피디, 변호사, 국회의원 등 손에 꼽을 정도이지요. 그들은 교수님, 판사님, 감독님, 피디님, 변호사님, 의원님으로 나긋하게 불립니다.

나머지의 거의 모든 직업들은 그 뒤에 '님'을 붙여 부르면 어색해집니다. 가령 농부님, 경비원님, 청소부님, 우편집배원님은 부르는 이에게는 낯설고 불리는 이에게는 어색하지요. 그래서 '님' 대신 '아저씨', '아줌마' 또는 '아무개 씨'라고 부르는 게 보통입니다.

호칭이 될 수 있는 직업과 될 수 없는 직업은 철저히 구분됩니다. 사람들이 생각하는 직업에 대한 평가에 의해서 말이지요.

교수님처럼 '님'이 붙는 직업은 가치 있고 청소부 아저씨처럼 '아저씨'가 붙는 직업은 가치가 없을까요? 그렇지 않답니다.

만약 청소부가 없다고 상상해 보세요. 길에는 쓰레기가 넘치고 도로에는 오물이 가득하겠지요. 치우는 사람이 없으니 쓰레기와 오물은 계속 쌓여 갈 거예요. 아마도 세상은 쓰레기로 뒤덮일 겁니다. 다른 직업도 마찬가지예요. 농부가 없다면 어떻게 될까요? 경비원이나 우편집배원이 없다면 또 어떻고요?

교수에게는 교수의 역할이 있고 청소부에게는 청소부의 역할이 있어요. 비록 돈을 적게 버는 직업일지라도, 그 직업이 하찮거나 가치 없는 건 아니지요. 그런데 아파트 경비 아저씨가 일부 입주자로부터 모욕적인 말을 듣고 무시를 받았다는 뉴스를 심심치 않게 볼 수 있어요. 우리 주변엔 아직 직업에 등수를 매기고, 그에 따라 사람을 대하는 경우가 많은 것 같아요. 정말 어리석은 행동이에요.

이 세상에 '○○○님'이라고 불리는 직업만 있다면 세상이 온전히 돌아갈 수 있을까요? 어떤 직업도 가치 없다고 말할 순 없답니다.

개인보다 집단을 앞세우는 말

자기소개인가, 집단 소개인가?

여러분, 자기소개를 한 번 해 볼까요?

"저는 ○○에 살고 ○○학교 ○학년 ○반에 재학 중인 ○○○입니다. 저희 가족은……."

여러분 중 대다수가 분명 이렇게 자기소개를 시작했을 거예요. 여러분뿐만이 아니에요. 초등학생, 중학생, 고등학생, 어른들도 별반 다르지 않아요. 자기를 소개하는 방법은 대개 비슷해요.

자기를 소개할 때 꼭 빠지지 않는 것들이 있어요. 학생들에게는 학교나 학년이, 성인들에게는 직업이나 직장 직위가 그렇지요. 남녀노소를 불문하고 태어난 곳, 사는 곳, 졸업한 학교, 다니는 직장, 가족 등은 자기소개의 단골 메뉴랍니다. 거기에 빠지지 않는 또 하나가 나이지요.

이러한 자기소개는 정작 내가 아니라 나를 둘러싼 환경이나 내가 속한 집단을 소개하는 것 같아요. 물론 이러한 것들이 나와 완전히 관련 없는 것은 아니에요. 하지만 나를 이루는 본바탕은 아니지요. 나의 진짜 본바탕은 성격이나 특징, 취미, 관심거리 등이 아닐까요?

그렇다면 자기소개를 하면서 자기가 아니라 자기가 속한 집단을 소개하는 이유는 무엇일까요? 우리나라의 사회 분위기에서 한 사람이 어디에 소속되어 있는지는 그만큼 중요한 문제이기 때문이에요.

하지만 한 사람이 속한 집단은 그 사람에 대한 아주 작은 부분만을 말해 주어요. 여러분 반 친구들은 모두 같은 학교 같은 반에 다니고 있지만, 모두가 같은 생각을 하고 같은 성격을 가지고 있으며 같은 모습인 것은 아니니까요.

어느 학교에 다니고, 어느 직장을 다니는지는 한 사람을 이루는 수많은 요소 중 하나일 뿐이지요. **내가 가지고 있는 장점과 나만의 개성 등을 더욱 중요하게 여기고 드러내는 진짜 자기소개를 자주 들었으면 좋겠어요.**

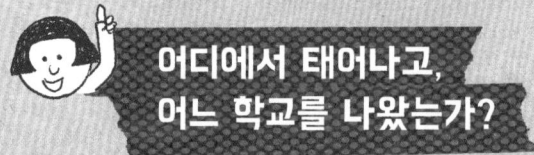
어디에서 태어나고, 어느 학교를 나왔는가?

집안, 태어난 지역, 출신 학교 등으로 맺어진 관계를 중시하는 태도를 연고주의라고 부릅니다.

어른들이 종친회(성과 본이 같은 일가붙이끼리 모여서 하는 모임), 향우회(객지에서 고향 친구나 고향이 같은 사람끼리 가지는 모임), 동창회(같은 학교를 졸업한 사람들끼리 가지는 모임) 등을 활발하게 가지는 이유도 바로 여기에 있어요. 성인 10명 가운데 5명이 동창회에 가입되어 있을 정도지요.

많은 어른들이 이런 연고주의를 중심으로 인간관계를 맺고, 직장을 구하거나 사업을 할 때도 활용해요. 심지어 결혼을 할 때 연고를 따지는 경우도 있어요.

집안, 고향, 학교, 직장 등은 모두 개인을 둘러싼 집단입니다. 집단이 중시되는 문화에서 개인은 그가 속한 집단을 통해 자기를 드러내려 하지요. 당연히 개인은 자신의 개성을 꽃피우기 어렵습니다. 자신을 개발하고 다른 사람과 차별화하기보다는 좋은 집단에 들어 가고자 노력해요. 그 결과 자신의 장단점은 무엇인지, 자신이 어떤 사람인지 모르게 된답니다.

서울 중심의 말

서울 사람의 반대말은 시골내기?

　서울 사람이 지방에 사는 사람을 시골 사람이라 말하는 경우가 있어요. 서울 다음으로 큰 도시인 부산에 사는 사람마저도 시골 사람이라 말하는 사람도 간혹 있어요. 다른 광역시나 중소 도시는 말할 필요도 없고요.

　사전의 뜻으로 구분하자면, 지방은 서울 이외의 지역을 전부 가리키고 시골은 도시에서 멀리 떨어진 지역을 가리킵니다. 시골은 도시보다 사람이 적고 개발도 덜 돼 자연을 접하기 쉽습니다. 시골은 긍정적으로 보면 주말 농장이나 전원주택처럼 자연 친화적인 이미지가 떠오르지요. 반대로 문화나 생활 수준이 뒤떨어진 농촌의 이미지가 떠오르기도 해요. 좋은 쪽보다 나쁜 쪽의 이미지가 조금 더 쉽게 떠오릅니다.

　'시골내기'나 '시골뜨기'라는 말은 그런 사실을 잘 보여 줍니다. 이 말들은 시골에서 태어나서 자란 사람을 낮추어 이르지요. 시골내기, 시골뜨기 모두 놀림조로 들립니다. 그런데 시골에서 태어난 것이 놀림 받을 일일까요?

　시골을 뜻하는 말 중에는 '촌(村)'이 있어요. 이 촌 자를 붙이면 시골

의 이미지는 더욱 부정적으로 바뀌지요. 촌 것, 촌스럽다, 촌티, 촌구석, 촌사람, 촌뜨기……. 여러분이 듣기에는 어떤가요?

서울 중심의 생각을 찾아볼 수 있는 말은 또 있습니다. "내일 서울에 올라가려고.", "일 때문에 지방에 내려가게 됐어."라는 식의 말인데요. 보통 '서울에 가다.'라는 표현을 '서울에 올라가다.'라고 표현합니다. 반대로 '지방에 가다.'라는 표현은 '지방에 내려가다.'라고 하지요.

그런데 짚고 넘어갈 부분은 서울보다 남쪽에서 서울에 가는 것도 '올라가다.'라고 하고, 서울보다 북쪽에서 서울로 가는 것도 '올라가다.'라고 한다는 거예요. 동서남북 어디에서나 마찬가지예요. 서울의 남쪽인 부산에서 서울에 가는 것도 '올라가다.', 서울의 북쪽인 양주에서 서울에 가는 것도 '올라가다.', 동쪽인 강릉, 서쪽인 인천에서 서울에 가는 것도 모두 '올라가다.'라고 표현해요. 반대로 서울에서 동서남북 어느 지역으로 가든 보통 '내려가다.'라는 표현을 쓰고요.

한자어 중에 사는 곳을 시골로 옮기는 것을 가리키는 말인 '낙향'이란 단어가 있습니다. 낙향의 '낙' 자는 '밑으로 떨어지다.'라는 뜻을 담고 있어요. 말 자체에 부정적 느낌이 있는 것이지요. 물론 이런 말 때문은 아니겠지만, 지방으로 직장을 옮기거나 이사를 가는 걸 꺼리는 사람들이 많아요. 사람들의 머릿속에 지방은 서울에 비해 뒤떨어진 곳이라는 이미지가 강하기 때문이에요.

이런 이미지가 생긴 것은 서울을 중심으로 한 수도권과 지방의 경제력이 크게 차이 나는 데서 원인을 찾을 수 있어요. 수도권에 비해 지방의 넓이는 아홉 배나 되지만, 수도권의 경제력이 지방에 비해 월등히 높지요. 또 많은 인구가 수도권에 밀집해 살고 있고요. 이는 대기업, 주요 정부 부처 및 공공기관, 물건을 만드는 제조 업체 대부분이 수도권에 몰려 있기 때문이에요.

최근에는 수도권에 몰려 있는 공공기관을 지방으로 옮기고 있지만, 경제는 물론 정치, 교육, 문화, 언론, 의료 등 거의 모든 분야의 주요 기관들이 서울에 몰려 있기 때문에 중요한 결정 대부분이 서울에서 이루어지지요. 어쩌면 대한민국에서 크고 좋은 것, 중요한 것들은 모두 서울에 몰려 있다고 볼 수 있겠네요.

결국 사람들이 위치와 상관없이 자연스럽게 서울은 올라오는 곳(혹은 올라가는 곳)이고, 지방은 내려가는 곳(혹은 내려오는 곳)이라 여기는 것은 서울이 지리상 위쪽이 아니라 지위상 높은 쪽에 있다고 여기기 때문인 것이랍니다.

갈등으로 위장한 차별의 말

지역 갈등이 아니라 지역 차별이다

혹시 '전라디언'이라고 들어 봤나요? 인터넷에서 많이 볼 수 있는 말인데, 전라도와 인디언이 합쳐진 말이에요. 전라도 사람을 일부러 깎아내리는 나쁜 표현이랍니다.

인터넷상에는 전라디언 말고도 전라도 사람을 비난하는 말들이 넘쳐 납니다. 예를 들어 인터넷 게시판에 전라도 사람에게 사기를 당했다는 하소연이 올라왔다고 해 보지요. 곧 있으면 그 밑으로 댓글이 수두룩하게 달려요. 사기를 친 개인이 아니라 전라도 사람에 대한 비난 댓글이지요. 내용은 비슷해요.

"전라도 사람은 원래 그래."

정말 전라도 사람은 원래부터 그럴까요?

2014년 초에 '염전 노예 사건'이 뉴스를 통해 알려지면서 세상을 시끌벅적 떠들썩하게 한 일이 있었어요. 신안군의 일부 염전 사업장에서 노숙자를 데려다 월급도 주지 않고 노예처럼 부려 먹은 사건이었어요. 그런데 신안군이 전라도라는 점 때문에 인터넷상에서는 '전라도 섬 노예'라는 이름으로 전라도 전체가 엄청 비난 받았습니다.

'염전 노예 사건'에 대한 비난은 사건 자체보다 '전라도라서 그래.'라는 생각에서 시작된 것이에요. 하지만 '염전 노예 사건'과 같은 문제는 지역과 상관없이 인권 의식이 부족하면 어디서든 벌어질 수 있는 일이에요. 전라도라서 인권 의식이 유난히 낮은 건 아니잖아요? 전라도를 향한 이유 없는 비난은 매우 잘못된 생각이에요.

대개의 차별이 이런 식의 편견과 비난에서부터 시작되지요. 여자라서, 혼혈아라서, 부모가 없어서, 동성애자라서, 대학을 안 나와서, 동남아 출신이라서, 흑인이라서 문제라는 식으로 말이에요.

물론 지역에 대한 편견과 선입견이 전라도만을 향하는 건 아니에요. 경상도 문둥이, 충청도 핫바지, 서울 깍쟁이 등 각 지역을 비하하

는 많은 말들이 존재해요. 이러한 표현은 "전라도 사람들은 배신을 잘해.", "충청도 사람들은 겉과 속이 달라.", "서울 사람들은 자기 밖에 몰라.", "경상도 사람들은 뒤통수를 잘 쳐." 등과 같이 어떠한 근거도 없는 말을 만들고, 나아가 특정 지역을 이유 없이 비난하고 헐뜯는 차별을 낳습니다.

이러한 차별은 인종주의에 가깝습니다. 인종주의는 인종이라는 집단이 개별 인간의 능력을 결정한다는 믿음에 기초해요. 또한 인종에 따라 잘남과 못남의 차이가 분명하게 존재한다고 믿는답니다. 가령 흑인이 백인에 비해 지능이 떨어진다거나, 흑인이라서 원래부터 더럽다는 식으로 말이에요.

그렇다면 어떤 사람이 "전라도 사람이라서 그래.", "충청도 사람이라서 그래."라고 말한다면, 그 사람은 특정 지역이라는 집단을 통해 개인을 판단하고, 자기 지역을 우월하다고 여기는 인종주의자가 아닐까요?

많은 사람이 인종주의가 나쁘다는 걸 알고 있어요. 하지만 특정 지역에 대한 편견과 차별에 대해서는 다소 둔감한 편이지요.

특히 다른 지역에 비해 전라도에 대한 비방이 인터넷상에서 무분별하게 이루어지고 있는데, 이에 대해 그저 정치적 이유로 사이가 좋지 않은 경상도와 전라도의 갈등일 뿐이라고 여기는 경우가 많지요. 그럼 경상도 사람이 아니면서 전라도를 비하하고 깎아 내리는 사람들은 어떻게 설명해야 할까요?

갈등은 생각이나 입장이 달라서 서로 맞서거나 부딪치는 걸 뜻해요. 차별 받는 사람 입장에서 차별은 갈등일 수 없답니다. 단지 전라도 출신이라는 이유로 놀림의 대상이 되고, 편견 어린 시선을 받는 다면 그건 분명한 차별입니다.

장애인에 대한 차별이 비장애인과 장애인의 갈등이 아니고, 흑인에 대한 차별이 흑인과 백인의 갈등이 아닌 것처럼 말이지요. **우리 사회에 지역 갈등은 없답니다. 지역 차별이 있을 뿐이지요.**

이렇게 바꿔요! 절대 사용하면 안 돼요!

남자와 여자, 차이가 만든 차별과 편견

▶ 여자를 도드라지게 내세우는 말 유관순 누나는 '유관순 열사'라고 바꿔 불러요. _14p

▶ 여자이기 때문에 더욱 문제라고요? 현금 수송차를 들이박은 김 여사는 현금 수송차를 들이박은 '가해 운전자'로 바꿔요. _17p

▶ 아버지는 바깥양반, 어머니는 집사람? 모두가 그런건 아니에요. 아버지가 집사람, 어머니가 바깥양반이 될 수도 있어요. _20p

▶ "사내 녀석이 계집아이처럼 울어?", 세상에 여자라서 이러해야 하고, 남자라서 저러해야 하는 법은 없어요. 나는 나답게! _23p

▶ 계집이란 표현보다는 여자아이라는 표현이 듣기 좋아요. _23p

어린이를 향한 차별과 편견

▶ 무조건 몰라도 된다고 말하지 말고, 왜 몰라야 하는지 말해 주세요. _34p

▶ 세상에 사랑이 담긴 매가 있을까요? 사랑의 매라는 말은 이제 그만! _40p

▶ "꼴 보기 싫으니까 나가!", "너 같은 아들 둔 적 없어.", "시키는 대로 해!", 이런 말을 들으면 어린이의 마음이 멍든답니다. _44p

▶ "나만 옳고, 너는 틀렸다." 세상을 둘로 나누는 말! _52p

▶ 학생이 머리가 그게 뭐냐고요? 우리의 몸과 행동을 통제하지 마세요! _55p

서로 달라 생긴 차별과 편견

- ▶ 장애우는 위하는 말이 아니에요. '장애인'이라고 불러요. _62p
- ▶ 몸매는 절대 착할 수 없어요. 도둑도 얼짱이면 용서가 된다고요? 몸과 얼굴로 마음을 판단하지 마세요. _67p
- ▶ 결혼은 선택이랍니다. 아직 결혼하지 않은 미혼 대신 결혼하지 않은 '비혼'이라고 말해요. _71p
- ▶ 미망인, 이제는 없어져야 하는 끔찍한 말! _71p
- ▶ 결손 가정, 편부모 가정이란 말 속에는 이혼에 대한 편견이 담겨 있어요. '한부모 가정'이란 말로 바꿔 사용해요. _75p
- ▶ 혼혈인을 가리켜 잡종이라고요? 절대 사용해서는 안 돼요! _79p

대한민국이라는 사회 속에서 만들어진 차별과 편견

- ▶ "저는 ○○에 살고 ○○학교 ○학년 ○반에 재학 중인 ○○○ 입니다." 모두 똑같은 자기소개는 이제 그만! 나만의 개성을 살린 자기소개를 해요. _90p
- ▶ 시골내기, 시골뜨기는 지방에서 나고 자란 사람을 깎아 내리는 표현이에요. 서울이 아닌 곳에서 태어난 것은 부끄러운 일이 절대 아니랍니다. _93p
- ▶ 전라디언은 갈등으로 위장한 차별의 말! '전라도 사람이라서 그래.'라는 생각만큼 어리석은 생각이 있을까요? 근거 없는 편견과 비난은 폭력이에요! _97p

 저자 소개

글 오승현

서강대학교에서 국어국문학을 전공했습니다. 《고교 독서평설》 집필 위원으로 활동했고, 목동에서 학생들을 가르치면서 사교육 안에서 '소수자의 눈'으로 세상을 바라보는 논술 토론 수업을 하려고 노력하고 있습니다. 이십 대를 망망대해에서 표류하다 서른을 넘기고 글쓰기에 정박했습니다. 그동안 쓴 책으로 《행복한 지식 배달부》 《50명의 위인이 알려주는 국어낱말 100》 《뚝딱 교양 상식》 《말이 세상을 아프게 한다》 등이 있습니다.

그림 소복이

대학에서 역사를 공부했습니다. 지금은 만화가와 일러스트레이터로 활동하면서, 독특하고 깊이가 느껴지는 그림에 인문적 감수성을 더하는 흥미로운 작업을 하고 있습니다. 어린이 잡지 〈고래가 그랬어〉에 만화를 연재하고 있으며, 지은 책으로는 《이백오 상담소》 《시간이 좀 걸리는 두 번째 비법》 등이 있습니다. 또한 《인권도 난민도 평화도 환경도 NGO가 달려가 해결해 줄게》 《누가 민주주의를 훔쳐 갔을까?》 《아빠, 게임할 땐 왜 시간이 빨리 가?》 등의 책에 그림을 그렸습니다.